世界最古にして、最先端——

和の国・日本の民主主義

「日本再発見」講座

元駐ウクライナ大使
馬渕睦夫
Mabuchi Mutsuo

KKベストセラーズ

まえがき　～日本を〝再発見〟しよう

「精神の再武装」のすすめ

本年（平成28年／２０１６）は「運命の年」と言っていいと思いますが、その激動の年に本書を出版することになりました。

２０１６年、世界はすでに「第三次世界大戦」に突入しています。

こういう言い方は、非常に煽動的であるかもしれません。ですが、皆さんも昨年、一昨年の各国の動きをご覧になって、世界がやはり〝無秩序〟になりつつあるという感じを強く抱かれたのではないでしょうか。私も同感です。実際、世界の秩序は事実上なくなっているのです。

平成27年（２０１５）、いわゆる「安保法制」のときに、お花畑的な国会議論が盛んに行われました。しかし、これは日本であるからこそできた議論であって、世界の現実とはかけ離れたものでした。

「私たちは知らず識らずのうちに〝洗脳〟されている」と、私は常々申し上げています。結局、マスメディアに私たちはずっと騙され続けてきたのです。その洗脳を解くというのが、本書の大きな目的のひとつでもあります。

そして、このことを考えることによって、私たち自身が〝精神の再武装〟をすることになるのです。

かつて、日本人はしっかりと精神的に武装していました。それが先の敗戦によって解かれてしまった。言うまでもなく、「軍事的な武装」は戦勝国（連合国）によって解かれたわけですが、それだけではなく、「精神的な武装」もズタズタにされてしまったのです。

日本を取り巻く環境や世界情勢は刻々と緊張が高まってきています。軍事的な再武装も必要ですが、日本という国家を守るために何よりも必要なのは、国民一人ひとりの〝精神の再武装〟ではないでしょうか。

つまり、私たちが「今、起こっていることの根底にあるものは何か」を知ることは、即、日本の安全保障にも通じるのです。ところが、これがなかなかできません。

「なぜできないのか」ということが私の関心事であり、その答えのひとつが先に述べたマスメディアによる洗脳だろうと思います。

戦後70年間、新聞・テレビを中心とするマスメディアの偏向・歪曲《わいきょく》報道は凄まじかった。その結果、現実とのギャップが開きすぎてしまった。さらに残念なことに、「洗脳されている」という事実すら私たちは認識できていない、ということなのです。

「日本型民主主義」を世界へ

国家というのは、物理的な戦争によって滅ぶこともちろんあります。しかし、それ以前に「精神的に内部から崩壊してしまう」――。世界の歴史を見たとき、そういうこともあると言うことができるでしょう。

私たちは、「日本人とは何か」ということをもう一度再確認しなければなりません。そのために許された時間はギリギリのところまできていると思います。先ほども申し上げたように、もう世界的な規模で「戦争」は始まっています。したがって、私たちが今ここで〝精神の再武装〟をしなければ、日本が世界の戦争に巻き込まれてしまうのです。

戦争やテロは、日本を放っておいてはくれません。「戦争反対！」「平和が大切！」と叫べば、戦争が近づいてこないと思っている人もいるわけですが、とんでもないことです。すでに戦争は、日本の国境線まで近づいてきているのです。

いや、もっと言えば、日本はもう「戦争」に巻き込まれています。日本国内における日々のニュースを見ていても、すでに日本の秩序は揺らいでいます。日本の内部から崩壊し始めています。ですから、「日本は世界的な大混乱の中に巻き込まれている」と言っても決して大げさではありません。

私たちは、あまりにも〝物質主義的〟な見方に取り込まれてしまっています。これは日本だけではなく、世界全体に言えることです。これほどまでの「負のグローバル化」を生んだ原因は、日本人も含め、世界の人々が、あまりにも「物質的な発想」に凝り固まってしまったことにあるのではないでしょうか。

その具体例が、「マネー（お金）の力」であり、「西洋型民主主義」です。

そのマネーの力に対する信奉、西洋型民主主義に対する信奉というものを、私たちはあまりにも無批判に受け入れてしまっています。それが、現在の〝世界的混乱〟という病《やまい》の根源です。

しかし私は、今ならまだ間に合うと考えています。その治療薬のひとつが、「日本型民主主義」＝「和の国・日本の民主主義」なのです。

まず、私たち日本人自身が、日本古来の民主的な考えや行いを再発見することが大切です。そして、その〝和の国・日本の民主主義〟を世界へ発信していくのです――。

＊

それではこれから、現在の世界情勢と国内の諸問題等を検証しながら、「民主主義とは何か」「平和とは何か」そして「日本とは何か」を、読者の皆さんと一緒に考えていきたいと思います。

馬渕睦夫

世界最古にして、最先端——

和の国・日本の民主主義

「日本再発見」講座

◎目次

●日本再発見その壱【国体と憲法】

「憲法」を改正する前に、「国体」を考えよ

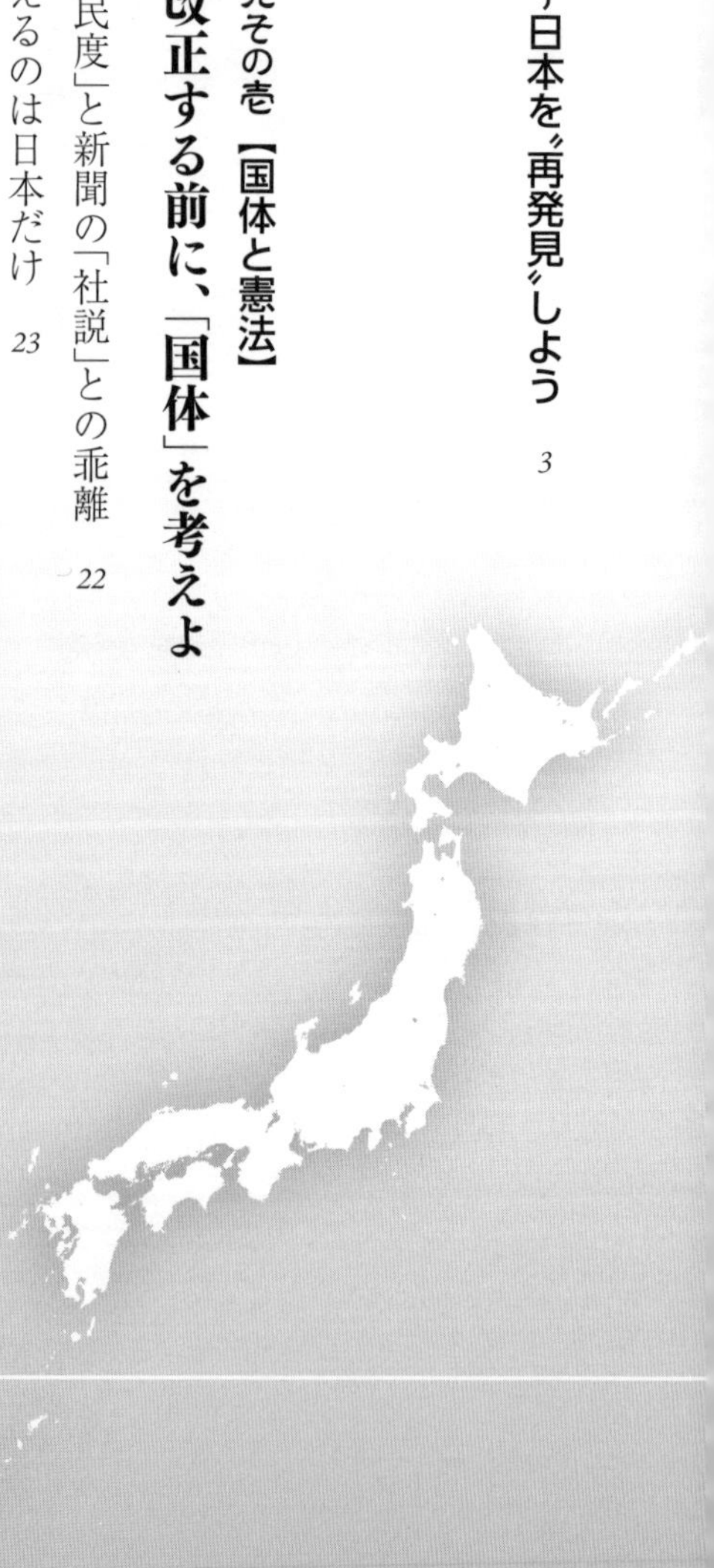

●日本再発見その弐【日本語という言霊】

世界に類のない「歌を詠む」国家元首

●日本再発見その参【民主主義】

「西洋型民主主義」と「日本型民主主義」

●日本再発見その四 【企業と農業、そして道徳心】

「日本式経営」の復権が〝道徳心〟を取り戻すカギ

●日本再発見その九【民族主義】

「トランプ現象」の日本への影響とは？

●日本再発見その十【分断工作】

日本社会を「分断」させてはならない

●日本再発見その十一【グローバリズム】

「グローバリズム」という甘い罠

●日本再発見その十四【日露関係】

「日露首脳会談」を考察する

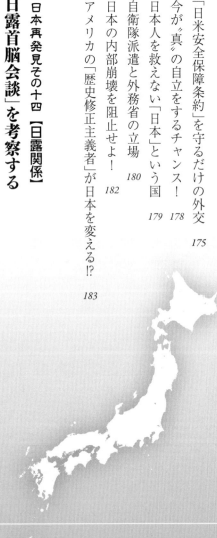

※本書は、ＤＨＣシアターの番組『和の国の明日を造る』（監修・出演：馬渕睦夫）平成28年1月～6月放送分の内容をもとに、加筆・修正し再編集したものです。
※本書の引用部分につきまして、原文の記述を損なわない範囲で一部要約した箇所があります。また、歴史的仮名遣い及び正漢字も、新仮名遣い及び新漢字に変更した箇所があります。
※敬称につきまして、一部省略いたしました。役職は当時のものです。

日本再発見
その壱

【国体と憲法】

「憲法」を改正する前に、「国体」を考えよ

◉日本人の「民度」と新聞の「社説」との乖離

新年（平成28年）が明けたときに、各新聞が例年通り「社説」を出しました。それを読み、私は非常に落胆しました。朝日、読売、産経、毎日……、全般的にすべての社説が酷かった。「なぜそうになってしまったか」ということを、この第1回目の講座で皆さんと一緒に考えてみたいと思います。

「国が滅ぶのは外敵だけではない。内部から崩壊することがある」と言われることがあります。この言葉は、まさに今の日本国内のマスメディアのレベルというものを的確に表現しているような気がしてなりません。

年明けの各紙の社説を一つひとつ取り上げることはここではいたしません。関心のある方は図書館などでお読みいただけたらと思います。ですが、残念ながらどの社説も二度と読む価値のないものでした。個々の批判は差し控えますが、私はその程度の社説しか書けない今の新聞メディアというものを非常に残念に思うわけです。

そして、このことはこうとも考えられます。「結局、こういう社説で済んでいるということは、残念ながら日本全体の知的レベルが下がっているのではないか」と——。そういうあまり良くない想像すらしたくなる平成28年の年明けでした。

そうは言っても、日本国民のレベル、つまり「民度」は依然として高いと私は思っています。それは日々の生活においていつも感じています。問題は、この国民のレベルと各新聞の社説のレベルとが、あまりにも乖離《かいり》しているということです。

簡単に言えば、新聞をはじめとするマスメディアは自らの頭で考えずに、世界情勢の認識というものを全般的な〝空気〟のなかで捉え、安易な報道をしてきた。そのツケが今、自分たちに戻ってきたということだと思います。

それは私たち国民にも言えることです。先ほど私は「日本人の民度は高い」と申し上げましたが、私たち自身が世界情勢の真実を見抜く努力をしていかないと、世界に対する「認識力」というものも次第に低下していきます。そういう意味では、今年の新年の（今年だけではありませんが）各紙の社説というのは反面教師になった、と私は思うのです。

◉世界を救えるのは日本だけ

現在の混乱した世界を救えるのは日本しかない、と私は確信しています。こう言うと「大げさな話だなぁ」という反応が返ってくるかもしれません。しかし、私はこの講座を通じて、その理由を皆さんと共有できるよう努めていきたいと思っています。

今、日本では、以前には考えられなかったような酷い事件や事故が起こっています。それは、日本という国全体の規律が弱まっている、緩《ゆる》んできているということです。しかし同時に、世界はもっとひどく緩んでいます。だから安心していい、というわけではもちろんありません。「世界の低いレベルに合わせてなんとなく満足している」という状況は、やはり打破していかなければなりません。

「日本だけが世界を救える」――。

それは決して大げさな話ではありません。もちろん、ただ日本を持ち上げて悦《えつ》に入っているということでもありません。日本の「思想」、今の流行《はや》りの言葉で言えば日本人の「ＤＮＡ」と言えるかもしれませんが、その源流まで遡《さかのぼ》って行くと、「日本という国はあるべくして今、存在している」という気がしてならないのです。

◉「私立大学への補助金」は憲法違反⁉

近年、憲法改正の論議が盛んになっています。いわゆる保守派の方々も憲法改正をやるべきだという声を高くしておられます。私も憲法改正は必要なことだと思いますし、決して改憲そのものを批判するわけはありません。しかし、ここで立ち止まって、「憲法とは何か」ということをもう一度考えてみる必要があると思うのです。

平成27年には安保法制を巡っての憲法論議が戦わされました。ですが、あれは本来の憲法論議ではなかった。ただ単に、法案が「憲法違反であるか、否か」ということを言ったに過ぎなかったからです。

現行の「日本国憲法」には明らかな欠陥があります。

先生方（憲法学者と称する方々）も一切口をつぐんでいるわけですが、それは何だと思いますか。

ご存じの方もいらっしゃると思いますが、答えは「私立大学への補助金」です。どういうことでしょうか。現行憲法にはこうあります。

第八十九条　公金その他の公の財産は、宗教上の組織若《も》しくは団体の使用、便益若しくは維持のため、又は公の支配に属しない慈善、教育若しくは博愛の事業に対し、これを支出し、又はその利用に供してはならない。

「公の支配に属しない慈善、教育若しくは博愛の事業に対し、これを支出し、又はその利用に供してはならない」と書いてあります。つまり、私立大学に対して国は補助金を出してはいけないのです。これは誰が読んでも（小学生が読んでも）わかることだと思います。

私立大学に対して国が補助金を出すのは、憲法八十九条に違反している。しかし、憲法学者の誰もがこれを憲法違反だとは言っていません。九条以上に、明白な憲法違反の条文なのに……。不思議ですね。

ただし、ここで私が問題提起したいのは、そんな不誠実な憲法学者の態度についてではありません。「私立大学への補助金」は、私たち国民も事実上容認しているわけですから、憲法学者だけを非難するわけにはいきません。

ここが重要な点です。

なぜ憲法学者もこの明白な憲法違反を問題視しないのか。

それは、憲法八十九条自体が日本の「国体」に反しているからです（正確には、八十九条の後段）。だから、私立大学への補助金は問題視されないのです。

◉「憲法」は「国体」の一部である

私は今、「国体」という言葉を使いました。あらためて申し上げますが、国体とは「国のかたち」「国の在り方」です。違う言葉で言えば、「国の原理」です。それが国体であり、憲法はその国体の一部です。

憲法というのは、国体をその時代、時代で文章化したものに過ぎません。ですから、国体のすべては、憲法には反映されません。その一部しか反映されないのです。

憲法を考えるということは、国体を考えるということ、すなわち「日本とは何か」を考えるということです。これを徹底的に考えるのが、本来の憲法学者の仕事のはずです。そのような憲法学者が日本にもいらっしゃるはずですが、残念ながら私はそういう方を存じ上げません。

それでは、憲法八十九条に違反している「私立大学への補助金」が堂々と行われているのに、なぜそれが問題にならないのかをもう一度考えてみましょう。

結論を先に言えば、「私立大学への補助金」は、たとえ憲法違反であっても日本の国体には合致しているから、誰も問題視しないのです。

だから、どこからも「八十九条を改正せよ！」とか「私立大学への補助金は廃止せよ！」という話は出てこない。国が私立学校に対して、ある程度の補助をするということは「日本の国体には反していない」と多くの国民が感じているのです。「自衛隊」についても同様のことが言えます。

多くの国民は、最低限の自衛力を持つということは「日本の国体には反していない」と感じている。だから、いくら自衛隊が九条に違反しているという話が出ても、国民の大多数は自衛隊を支持しているのです。

●「国体」を理解してから、「憲法」を論じるべき

憲法論議というのは、国体に沿って行われなければまったく意味のないものです。むしろ、国体を無視した論議はしないほうがいい。

今の憲法改正議論は、ただの「技術論」になってしまっています。憲法改正という「事実」を作るためには「九条突破」がいいのか、「九十六条（改正条項）」から攻めるのがいいのか——。なかには、先ほどお話した「八十九条から改正したほうがいい」と主張する方もいます。

私はそういう技術論をするつもりはありませんが、本当に憲法を改正する事実だけを残したいのであれば（その先例を作りたいのであれば）九条よりも、八十九条を改正するということの信を国民に問えばいいと思います。

多くの国民は賛成するでしょうし、護憲派の政治家も賛成しなければならない。なぜなら、国会議員の多くは、憲法違反（「憲法違反」という言い方は少し言い過ぎですが）の私立大学出身者ですから（笑）。

反対に、政府が「憲法を遵守するために、私立大学に対する補助金は廃止します」と言ったら、喧々囂々《けんけんごうごう》の議論になるはずです。政府に対する批難があちこちから出てくるでしょう。

しかし、これは技術論に過ぎないのであって、私はあまりおすすめしません。なぜかと言うと、繰り返しになりますが、憲法は国体の一部だからです。

私たちは「日本の国体がどういうものか」ということを、もう一度腑《ふ》に落とす必要があります。そのことこそが〝日本再発見〟なのです。

そして、国体を十分に理解したうえで、憲法改正というものが出てくるべきだと思っています。ですから、変な憲法論議をするくらいならやらないほうがいいというのが、私の現段階での憲法改正に関しての結論になるわけです。

◉日本の「国体」は〝和〟

それでは、日本の「国体」とはいったい何でしょうか。それは、一言で言えば〝和〟です。

憲法問題の本質は、「和」を考えること。厳密に言えば、「和の国を造り直す」ということです。

今を遡ること1400年以上、聖徳太子の「十七条憲法」（推古12年／604）というものがありました。これはまさに、当時の日本の国体を表したものでした。

「十七条憲法」は、第一条「和を以《もっ》て貴《とうと》しと為《な》し」から始まります。しかし、ここに出てくる「和」という言葉は、聖徳太子が発明したわけでありません。「和」という言葉、思想は、それ以前から存在しており、それを聖徳太子が文章化したのです。

この講座で、私は「和」ということを折に触れ強調していこうと思っています。というのは、「和」というもの、つまり「日本型民主主義」が世界を救うことになる、と信じているからです。

それでは「和」の解説にいく前に、「十七条の憲法」の第一条を皆さんと共有していきたいと思います。原文（読み下し文）は次の通りです。

一に曰《いわ》く、和を以《も》って貴《とうと》しと為《な》し、忤《さから》うこと無きを宗《むね》とせよ。人みな党《たむら》あり、また達《さと》れるもの少なし。ここをもって、あるいは君父《くんぷ》に順《したが》わず、また隣里《りんり》に違《たが》う。しかれども、上和《かみやわら》ぎ下睦《しもむつ》びて、事を論《あげつら》うに諧《かな》うときは、すなわち事理《じり》おのずから通ず。何事か成らざらん。

（現代語訳／一に言う。「和」を最も大切なものとし、争うことなく物事に当たれ。人は皆群れをつくりたがるが、人格者は少ない。だから、主君や目上の者に従わなかったり、近隣の人ともうまくいかなかったりする。しかし、上の者が和やかで下の者も素直ならば、議論で対立することがあっても、おのずから道理にかない調和する。そうなれば、何事も成就《じょうじゅ》するものである）

とても立派な日本語ですね。そして、ぜひ一度「音読」してみて欲しいのです。音読してみると、何かが伝わってきませんか。日本語というのは「言霊《ことだま》」ですから、誰でも音読してみると何かを感じるはずです。１４００年の時空を超えて、聖徳太子の精神と繋がるのを感じとられることでしょう。

「十七条憲法」という条文を単に覚えるだけではあまり意味がありません。実際に声に出して読んでみる。そして、聖徳太子が伝えたかった真の意味を考えることが大切だと思います。

◉「話し合いなさい」――聖徳太子の大切な教え

「和」が大切だということはわかりましたが、もうひとつ聖徳太子は重要なことを言っています。それは、その大切な「和」を達成するにはどうしたらいいのかということです。

その方法として、聖徳太子は「話し合いなさい」と言っています。「十七条憲法」の第十七条にこうあります。

十七に曰く、それ事は独《ひと》り断《さだ》むべからず。必ず衆《しゅう》とともに宜しく論ずべし。少事《しょうじ》は是れ軽《かろ》し。必ずしも衆とすべからず。ただ大事《だいじ》を論ずるに逮《およ》びては、もしは失《あやまち》あらんことを疑う。故に、衆とともに相弁《わきま》うるときは、辞《ことば》すなわち理《ことわり》を得ん。

（現代語訳／十七に言う。物事はひとりで判断してはならない。必ず皆で論議して判断せよ。小事は、必ずしも皆で論議しなくてもよい。ただし、大事の場合、独断では判断を誤ると疑え。そのようなとき、皆で検討すれば、道理にかなう結論が得られるだろう）

現在の学校教育では、「十七条憲法」の第一条しか教えません。第一条ですら、まともに教えない場合もあるでしょう。しかし、この第十七条もきわめて重要な条文です。聖徳太子は最後の条文である第十七条で、「大事な案件に関しては、決して独断では決めず、皆で話し合いなさい」と教えています。

これは『古事記』の昔から、高天原《たかまがはら》の神代の昔から続いている、日本人の基本的な精神です。たとえ神様であっても独断専行では決定しません。必ず神々が集まって、相談して決め、その結果を天照大神《あまてらすおおみかみ》に「これでよろしゅうございますか」と差し出して、天照大神が「それでよい」と裁断する。

これこそが、日本人の原点であり、「日本型民主主義」＝「和の国・日本の民主主義」なのです。

「民主主義」というと、すぐに「フランス革命」（1787～99年）と「アメリカ独立戦争」（1775〜83年）が出てきます。「人民の精神」「建国の精神」などと礼賛されますが、それよりも千年以上前に、日本は「民主主義の国」だったのです。そういうことを、学校では教えてはいけないことになっている。不思議な国ですね、日本という国は……。

◉『古事記』の時代から、日本は「民主主義の国」だった

わが国は、本当に「不思議な国」にされてしまったと思います。

「修身」の教科書を読めばわかりますが、戦前は「日本人の精神」をきちんと教えていました。「戦後、アメリカが民主主義を教えてくれた」――、そのような大嘘を信じてはいけません。そもそもアメリカが教えてくれたいいい「西洋型民主主義」の故《ゆえ》に、戦後の日本の混乱というのが始まったのです。

私たち日本人は、独自の民主主義というものを、何千年の昔から持っていました。ですから、今私たちがやるべきことは、そのことに〝気づく〟ことです。「新たに日本を創り上げる」とか「構築する」などということは必要ありません。聖徳太子が「十七条憲法」で示した「和」の精神を思い出せばいいのです。創り直せばいいのです。「新たなものを創るのではない」、これが非常に重要なことです。「新たなものを創る」

という発想自体が、西洋的な考え方です。彼らは、常に新たなものを創らなければならなかったのです。

日本の教師たちは、主に西洋思想を学び、それを子供たちに教えています（大学教授はほとんどがそうです）。しかし、日本の教師たるもの、本来は西洋思想を学ぶ前に、日本思想を学ぶべきでしょう。

そして、日本思想を学べば、西洋思想が何であるかが本当の意味でわかるはずです。私はニーチェの専門家でもありませんし、カントを研究したわけでもありません。しかし、彼ら西洋の哲学者が言っていることの人間観の間違い、言ってしまえば欺瞞、要するに彼らの欠点はすぐにわかります。

なぜわかるのか。それは、私自身が日本思想（日本人の精神）を、自分自身で、自分なりに解釈したと思っているからです。

今、世界がなぜこれだけ混乱しているかということも、元を正せば「西洋型民主主義」に問題があるからです。反対に、「日本型民主主義」が世界に広まれば、テロも戦争も起こらないはずです。少なくともテロの起こる可能性は低くなるということなのです。

日本再発見
その弐

【日本語という言霊】

世界に類のない「歌を詠む」国家元首

◉「知性」より「感性」を大切に

私たちが知らず識らずのうちに「こうであろう」と思い込んでいること（「認識」している世界像）と、実際に世界で起こっていることには乖離があります。今回は、その乖離をどう埋めればいいか、ということをテーマにしたいと思います。

「乖離を埋める」とは、言い換えれば「世界を認識する」ということです。そして、その世界を認識する能力を身につけることは、実はそれほどむずかしいことではありません。

次ページの図をご覧ください。円の全体を世界とすると、私たちが「知性（知識）」で認識（理解）できる部分というのは、実は灰色部分程度なのです。もちろんすべての事柄がこの比率であるということではありませんが、ここで私が言いたいのは「私たちは世界で起きている出来事のほんの一部しか理解していない」ということです。

それでは、残りの部分はどうやって理解すればいいのでしょう。それは「感性」で理解しなければならないということです。感性というのは「知恵」と言ってもいいでしょう。

戦後教育においては、この感性の部分というのが、ずっと無視されてきました。その

［図表］世界を認識できる能力

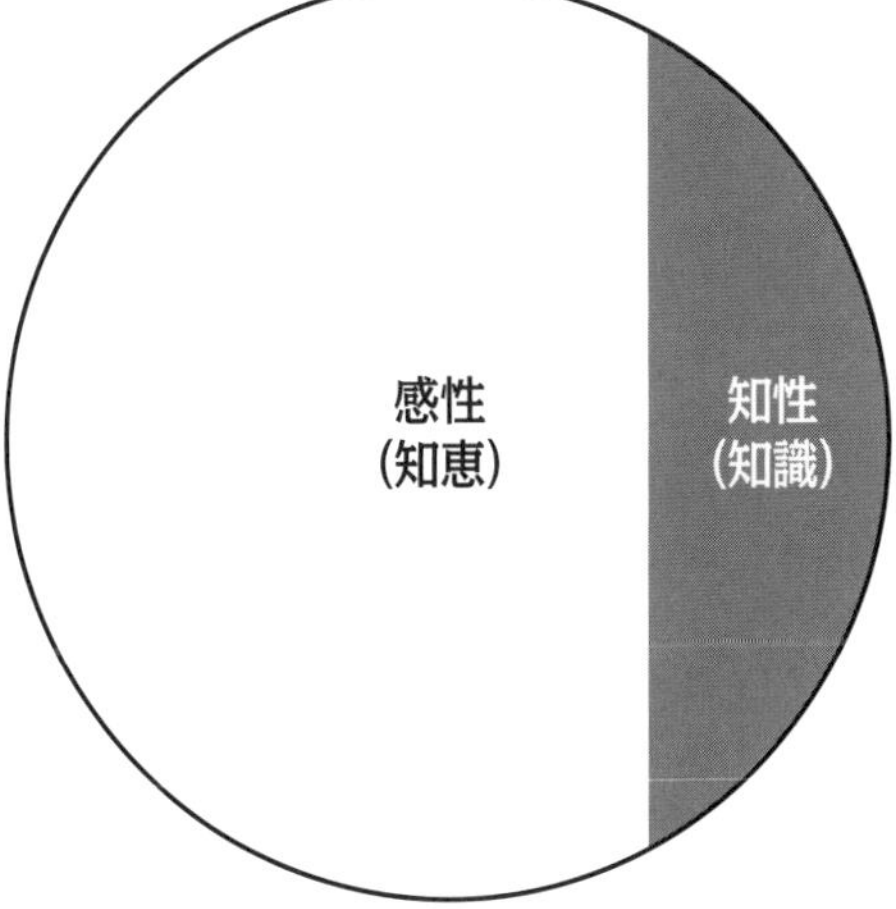

「知性」以上に、「感性」を磨くことが大切だ

ため、私たちは「世の中を知性で認識しよう、知識で理解しよう」としてきたのです。

もちろん知性や知識は大切ですが、「世界で本当に何が起こっているのか」ということを見抜くには、知性を得るとともに、感性をも同時に磨いていかなくてはなりません。

そして、私たち日本人には、この大切な感性があらかじめ備わっているのです。

◉「歌会始」と日本語の〝力〟

今年（平成28年）も新年恒例の「歌会始の儀」が皇居・宮殿「松の間」において行われました。

私はＮＨＫの実況中継で観ましたが、外交団の方々も出席していました。歌会始では通訳はありませんので、彼らは召人《めしうど》が朗々と詠み上げる和歌を聞いているだけです。

私の経験からも、自分が理解できない言語に接しているときというのは、退屈になるものです。ところが、歌会始に出席していた外交団の方々は、どなたも真剣に耳を傾けていました。

大使の方が多かったようなので、なかには日本語がわかる方もいたかもしれませんが、わからない方も少なからずいたはずです。しかし、あの荘厳な雰囲気のなかで、退屈そうな顔をしている人は誰一人としていなかったのです。

そんな歌会始をテレビで観ていて、私はウクライナ大使をしていたころの、ある出来事を思い出しました。

当時、私の同僚、かつカウンターパート（対応相手）でもあったコステンコさんという外務次官がいました。コステンコさんは日本で大使として勤務していたのですが、ウクライナに帰国してから奥さまが日本の印象をまとめた詩集を出されました。コステンコ夫人はウクライナでは有名な詩人でもあったのです。

もちろんその詩集はウクライナ語で出版したのですが、日本が題材になっていたので、出版記念パーティは日本大使公邸で催《もよお》しました。そのパーティに、ウクライナの前外務大臣を主賓として招待し、ウクライナ政府の要人や政治家、在留邦人の方々、各国の大使も招待しました。

会場では、コステンコ夫人自らが、出版した自身の詩をウクライナ語で朗読しました。外交団の方もいましたので、英訳した詩も同時に朗読されました。それから駐在企業の日本人も何名か出席していたので日本語にも翻訳して朗読したのです。

朗読はそれぞれの国の方に受け持ってもらいました。そして、ウクライナ語、英語、日本語の朗読が終わった後で、主賓の前外務大臣がこういう挨拶をされたのです。ちなみに、外務大臣は英語は堪能な方でしたが、日本語はご存知ありませんでした。

「私は日本語はまったくわからない。しかし、今の日本語の詩の朗読を聴いていて、涙が出てきて仕方がなかった――」

私は外務大臣のその言葉を聞き、「日本語というのは言霊だ」ということをあらためて感じたのです。

◉「言霊」が乱れている現代社会

歌会始でも日本語のわからない外国人の方々が居住まいを正して和歌を聴いていました。彼らは詠み上げられる歌を聴き、そこに「言霊」を感じたのだろうという気がしたのです。

『万葉集』にも「日本は言霊の国」という話が出てきます。

飛鳥時代の歌人・柿本人麻呂《かきのもとのひとまろ》に「しきしまの　大和の国は　言霊の　たすくる国ぞ　ま幸《さき》くありこそ」という歌があります。

「日本という国は、言霊が助ける国」ということを歌った短歌（正確には「反歌」）です。

つまり、日本は古来、「言霊に守られている国」なのです。

昨今、「日本語が乱れている」とよく言われますが、それは「言霊が乱れている」ということです。たかが言葉と思うなかれです。日本語というのは、コミュニケーションの手段だけのものではないのです。

言霊というのは、言葉そのものが〝力〟を持っているという意味です。特に、日本語はその言霊的要素が強いのだと思います。

だからこそ、１０００年以上も前に『万葉集』というものが生まれ、その後も『古今和歌集』『新古今和歌集』、さらには『百人一首』も含めた多くの和歌が編纂され、詠まれて続けてきたのです。

◉正しい日本語が使われていない「朝日新聞」

その言霊である日本語を正しく使っていない代表的なものに「新聞」があります。

新聞が正しい日本語を使っていないひとつの例を挙げてみましょう。先ほどの「歌会始」についての記事を、私は何紙か読み比べてみたのですが、そのなかでも特に「朝日新聞」（平成28年1月15日付）は酷かった。

「陛下、パラオ訪問詠む」という見出しに、本文は「天皇陛下や皇族方は、心を寄せてきた人たちへの思いを歌に込めた」「宮内庁によると、天皇陛下は昨年4月、パラオ共和国を訪れたときのことを詠んだ」と書いたのです。これでは、小学生が学校の発表会か何かで歌を詠んだような印象を受けます。

朝日新聞の記事は、最初から最後までこの調子です。ひと言も「敬語」が使われていません。今さら朝日新聞のことを批判しても始まらないのですが、それにしてもこれは酷すぎます。

「天皇陛下に対して〝敬語〟を使わない新聞」、それが朝日新聞です。はっきり言って、日本の新聞ではありません。日本を尊ぶ記者が書く文章ではありませんから――。もちろん、言霊ではありません。

貴重な紙面がもったいないので朝日批判はこれくらいにいたしますが、「日本語を大切にするということは、私たち自身の道徳心を大切にするということに繋がる」ということをひと言つけ加えておきたいと思います。

◉「御製」が暗示する、新たな戦乱の世の気配

ここで、今年の歌会始で歌われた天皇陛下の御製《ぎょせい》をご紹介しましょう。

御製【戦ひに　あまたの人の　失せしとふ　島緑にて　海に横たふ】

これは、昨年（平成27年）天皇陛下がパラオのペリリュー島を訪問されたときのことを歌われたものです。

ペリリュー島の先にアンガウル島という小島があります。とても小さな島なのですが、

そこで1200人の日本兵が玉砕しました。訪問予定にはなかったらしいのですが、陛下が日本兵玉砕の話をお聞きになり、その島に向かって拝礼されたそうです。そのときのことを詠まれたお歌、というふうに伝わっております。

私はこの御製を拝聴したとき、亡くなられた日本兵に対する慰霊というようなものを感じました。そして、さらに感じたことがありました。それは、「陛下は今の世相をも詠まれたのではないか」ということです。「これから各地で戦乱が起こる」ということも、このお歌は暗示しているように思えてならなかったのです。

御製というのは、私たちが勝手にあれこれ想像してはいけないものなのかもしれません。しかし、皆さんもこのお歌を読まれたとき、ペリリュー島の先にあるアンガウル島で亡くなられた人々に対する慰霊の歌、ということを感じられたと同時に、年の初めに陛下がこのようなお歌を詠まれたということの意味をそこに感じ取ることができるのではないでしょうか。

これが、先ほど申し上げた「感性」です。「知識」で言えば、御製は「五七五七七の短歌の形式をとった天皇陛下が読まれたお歌」になりますが、少し感性を働かせると、ただ単に、その事実だけではなく、「何かを含ませておられるのではないか」と思うことができるわけです。

もちろん天皇陛下は世界の情勢をよくご存じです。それはローマ法王が世界の情勢をご存じなのと同じこと。その陛下が、やはり「戦い」というものに心を痛められておられることは、私たちはもう一度よく嚙みしめる必要があるでしょう。

世界はいよいよ、ローマ法王が言うところの「第三次世界大戦」に突入するのではないか。そして、天皇陛下も憂慮されている新たな戦乱の世になるのではないか。過去に起きたような人々の犠牲がまた出るのではないか……。

「そのとき、私たちはどう自衛したらいいのか」という視点を常に持ちながら、この講座を進めていきたいと思います。

＊

今回の講座の最後に、明治天皇の御製をひとつご紹介したいと思います。
御製【敷島の　大和心の　雄々《おお》しさは　事ある時ぞ　現れにけり】
「大和心の雄々しさというものは、事ある時に（国家の一大事にこそ）現れてくる」というお歌です。

今年こそ、この「大和心の雄々しさ」を国民一人ひとりが発揮しなければならない年であると、私は強く思っています。

「大和心」というのは、読んで字の如く、私たち日本人の伝統的な精神のことですが、「世界の調和を求める心」と言ってもいいでしょう。その「雄々しさ」というのは、男性的な勇ましさだけを表しているのではありません。女性的な気丈夫さも含め、日本人の道義性の高さをイメージしているものだと思います。

したがって、（私流に申し上げれば）もうすでに始まっている世界規模の大戦争のなかで、「世界の調和のために、私たちが古くより連綿と受け継いでいる高い道義性を発揮しなければならない」――。そういうことを、この明治天皇の御製から感じられるのです。

日本再発見
その参

【民主主義】

「西洋型民主主義」と「日本型民主主義」

◉「政治」と「カネ」の問題、その裏にあるもの

今回は「民主主義」をテーマにしたいと思います。その補助線として、まず「政治」と「カネ」の問題から考えてみましょう。

甘利《あまり》明《あきら》経済再生相（当時）や舛添要一《ますぞえよういち》東京都知事（当時）など、今年（平成28年）も「政治」と「カネ」の問題が政界を賑わせました。

しかし、「政治」と「カネ」の問題は、偶然出てくるものではありません。この問題は必ず何かと関連があって出てくるのです。

日本の戦後政治史を見てみればすぐにわかります。有名な「ロッキード事件」も、田中角栄元首相が、たまたまロッキード社から賄賂を貰ったということではないのです。

そして、ロッキード事件の捜査や裁判は異常でした。最高裁判所までが、ロッキード社コーチャン副社長の嘱託《しょくたく》訊問調書を取るために免責を保証し、また審理において裁判所が田中被告人に反対尋問を認めないという憲法違反を犯したのです。それは騒動の後、暫くしてから当時の最高裁長官自身が認めていることです。

私がマスメディアの危険性、メディアの洗脳を繰り返し注意喚起するのは、あのときのように、雰囲気だけでワーッと動いてしまうことを怖れるからです。

甘利問題も舛添問題も必ず裏（背景）があるはずです。すでにあちこちでポツポツと出てきてはおりますが、いずれそれは明らかになるでしょう。大物政治家の辞職は、単にお金のやり取りがあったというだけのものでは決してありません。そのことに注意して、今後もこれらの問題をフォローしていかなければならないと思います。

◉仕組まれているシステム

そもそも「政治」と「カネ」の問題はなぜ起こるのか。このことを私たちは考えなければなりません。マスコミは「黒いカネを受け取った」ということばかりを言いますが、残念ながら、もともと日本の政治システムはそうなるようにできています。極論すると、「政治」と「カネ」の問題が起こるように、仕組まれているのです。

政治家は自らの「歳費」、つまり「国から貰う給与」だけでは政治ができません。政治家の給与が安すぎるのです。簡単に言えば、そういうことです。

意外に思われる方もいらっしゃるかもしれません。「政治家は高給取りではないか！」と――。

確かに、金額だけみると、月々１００万円強の給料にプラスして、政務活動費、調査費などがつきますし、秘書も3人までは国庫がみてくれますから恵まれているとも言えます。しかし、それにもかかわらず、その程度の資金では「政治」ができないのです。

ですから、政治家の重要な仕事のひとつが「いかに献金先を見つけるか」ということになってしまっています。とてもおかしな話ですが、本当の話です。そして、政治家自身だけではお金をなかなか集められないので、秘書たちが探すということになる。これが、「政治」と「カネ」の問題の、悲しい現実です。

今の政治システムである限り、今後も「政治」と「カネ」の問題は間違いなく出てきます。おそらく、政治家の誰もが脛《すね》に傷を持っているはずです。その傷がいつ表に出るのか、どの段階で出るのか、誰がそのターゲットになるのかという、それだけの話なのです。

◉「カネ」で「民主主義」は買える!?

そういう政治システムになっているということに、私たちはそろそろ気づかなければなりません。要するに、「カネで民主主義は買える」ということです。

これに加え、「情報」もあります。この「カネ」と「情報」の力で、民主主義社会というのは支配できてしまう。選挙制度も、政治家の給与の在り方も、すべて「カネ」と「情報」の力で支配できるようになっているのです。

私も、ある国会議員の選挙後の資金整理を手伝ったことがあるのですが、とても驚きました。その政治家は「借金の山」状態だったのです。そうするとどうなるか。当選したその日から献金先を探すことが始まるのです。まともな政治活動なんてできるはずがありません。

野党などはいつも、与党の「政治」と「カネ」の問題で鬼の首を取ったように非難していますが、非難している野党も同根です。現・民進党、山尾志桜里《やまおしおり》議員の「高額すぎるガソリン代」問題など、いくらでも例を挙げることができます。

今の日本は、選挙はもとより、政治システムそのものが、お金と切っても切れないシステムになっています。それが、民主主義に伴う危険性、陥穽《かんせい》（落とし穴）と言っていいでしょう。

つまり、お金を持っている人が政治を支配しやすいシステムであり、そこに情報を握っている人が加われば何も怖くないというわけです。

「政治」と「カネ」の問題を追求するのがメディアの役割であると、彼ら自身が都合良く誤解していますが、そうではありません。こういったことは、すでにもうアメリカで行われてきたことなのです。同じことが現在の日本でも行われているのです。

これが、アメリカ（その裏にいる勢力）の進める「民主化」の正体です。民主化というのは「カネと情報で支配できる、支配しやすい社会にする」ということなのです。そういうことを知らないから、「民主化はいいことだ」と盲信してしまうのです。

特に、発展途上国では「民主化」が様々な問題を誘発しています。彼らは、まず国民一人ひとりの生活水準を上げなければならないのですが、やれ選挙だ、やれ説明責任だと言われると何にもできません。

「民主化」の旗印のもと、民主化と経済成長のジレンマに、多くの途上国は陥っています。そして、自分の国を発展させようと思っても、結局のところ「カネ」と「情報」を握っている勢力に左右されてしまうのです。

日本も決して例外ではありません。

ですから、甘利事件や舛添事件のような「政治」と「カネ」の問題が起こった場合、私たちはメディアの言われるままに一緒に踊っていてはいけないのです。「なぜこのタイミングでこのような問題が取り上げられるようになったのか」ということを考えなければならないのです。

◉たった6000万円で政治腐敗が解決する

政治家は多かれ少なかれ、自分なりの理想を描き、「日本のために働こう」と思って立候補したはずです。ところが、当選して政治家になってみたら、すぐに資金集めをしなければならない……。

ですから、「政治」と「カネ」の問題をクリアにするためには、政治家に対する「給与体系」を改めるしかないと私は思います。

その場合、選択肢は2つあります。1つは、「国庫を使わず、すべてボランティアでやる」というもの。お金のためではなく、本当に日本を良くしたいという人だけが政治家になって政治をする方法です。しかし、これは現実的には不可能でしょう。

もう1つは、「政治家が献金先を探さなくてもいいだけの政治活動費を国庫から出す」というもの。結局、これ以外に方法はないと思います。

私の試算では、一人の政治家に対して月に約500万円、年に6000万円が目安となります。年収6000万円と聞くとすごい金額だと思うかもしれませんが、福島原発の事故があったときの東電社長の年収が6000万円くらいでした。今は1億円以上の給与を取っている企業経営者は、日本だけでも40数人います。6000万円で、この

「政治」と「カネ」の問題がなくなると思えば、決して高い金額ではないはずです。

もちろん条件がつきます。贈収賄をした政治家は即クビです。政治家を辞めていただく。贈った側はもちろん有罪ですが、その場合も執行猶予はなしとします。

また、この案を採用した場合、国会議員の数は今ほどは要りません。参議院をなくしてもいいでしょう。そのあたりのことについては、若干の技術的な検討が必要になるかもしれませんが、「政治を行うのにお金がかかる」というシステム自体を改革する必要があることは間違いありません。

◉「民」は〝大御宝〟

次に、「西洋型民主主義」と「日本型民主主義」の違いついて検証していきましょう。参考例として、天皇皇后両陛下の「フィリピンご訪問」（平成28年1月）についてお話ししたいと思います。

フィリピンへは陛下はもちろん国賓としていらっしゃったわけですが、実は「慰霊」が本当の目的、天皇陛下のご希望でもあったわけです。

フィリピンをご訪問された天皇陛下のお言葉のなかで、私が非常に心を打たれた箇所があります。
「フィリピン各地で戦没した私どもの同胞の霊」とおっしゃったところです。「私ども」というのは天皇皇后両陛下のことです。陛下が、戦没者たちを自らの「同胞」とおっしゃった。マスコミ等ではあまり注目されませんでしたが、とても重要なお言葉でした。これは神代の昔から連綿と続く、天皇と国民の関係を象徴するお言葉だからです。

現在、学校では天皇のことはほとんど習いませんから、知っている人は少ないのですが、私は子供の頃、仁徳天皇のお話を祖父母からよく聞かされた記憶があります。

当時は「国民」という概念ありませんでしたから、「民《たみ》」ですね。「民の竈《かまど》」のお話です。その中で、仁徳天皇は「民は大御宝《おおみたから》」だとおっしゃっているのです。これは神武天皇以来125代の天皇陛下のお気持ちとして、ずっとお持ちになっている国民に対する想いだと思うのです。

ここに、日本の天皇（皇室）と西洋の国王（王室）との違いが端的に表れています。西洋では、国民と国王というのが「契約」（古くは「支配関係」）によって成立しているわけですが、日本ではそうではありません。

天皇にとって、民は大御宝――。つまり、天皇も、それを支える民（国民）も、いわば一体であるということなのです。そこが西洋の王室と根本的に違うところなのです。

この大きな違いは、本当はもっと強調されてもいいと思います。よく「君民一体」ということも言われますが、3000年の間ずっと（今現在も）日本という国はこのかたちで続いてきているのです。

◉「英雄」としてではなく、「英霊」として感謝を捧げる日本人

前回の講座で「歌会始」のことを取り上げましたが、歌会始も「君民一体」のひとつの象徴的な例です。天皇陛下と共に、庶民も一緒にお歌を詠む。これが伝統的に、3000年という長きに亘って連綿と続いてきているのです。

私たちは「君民一体」という言葉を聞くと、すぐに「戦前に戻る」といったマイナスのイメージを抱きがちですが、そうではありません。

私たちが今日存在しているというのは、連綿と続く時間軸があるからです。3000年のこういう歴史、3000年の時間というものの重みを、私たち一人ひとりが体現しているから今があるのです。

戦後、日本ではそういうことを考えてはいけないことになってしまいました。昭和20

年（1945）8月15日で、それまでの日本とそれ以後の日本がプツンと切れてしまっているのです。

しかし、私たちのそういう永い想い（「DNA」と言ってもいいのですが）は、やはり完全に無視することはできなかった。誰であれ、完全にそれを断ち切ることはできなかったのだと私は思います。

特に、戦後70年（平成27年）を機に、多くの国民が、日本というものに対して「もう一度見直そう」「自分たちの先祖のことを振り返ってみよう」という想いを強くしてきています。

ただし、天皇陛下についてお話しするのはむずかしいところがあるのも事実です。依然として、天皇というものは一種のタブーのように思われている節《ふし》があります。なぜそうなのかというと、日本人が天皇のことを考えると、「日本人が日本を取り戻してしまうことになる」と占領期のGHQが恐れ、それ以降もタブー視してきたからでしょう。

とは言え、いわゆる左翼人が言うように、「天皇制は庶民を支配する＝搾取する体制」であれば、3000年も続くはずがありません。

日本の歴史を見ても、そこには「階級闘争」の歴史はありません。もちろん、戦国時代のような諸藩の戦いはありました。しかし、戦国の時代であっても、階級的な闘争をやってきた歴史ではなかったのです。そういうことを一言で表しているのが、先ほど紹介した天皇陛下のお言葉です。

「君民一体」の精神は、戦死者に対する接し方にも見出すことができます。

戦争で亡くなった方々を私たち日本人は「英雄」として讃えるのではない。私たちは霊を慰める。それは「英霊」として〝感謝を捧げる〟ということです。そこが欧米諸国の戦死者に対する対応と違うところです。

ですから「靖國神社」に内閣総理大臣が参拝することは、日本人としてはごく普通の感覚です。私は天皇陛下にはぜひ参拝していただきたいと思っています。当たり前のことですが、隣国の人々とは宗教感情が違うのです。「ウェストファリア体制」、つまり今の国際体制は、他国の宗教問題には干渉してはいけないことになっています。にもかかわらず、隣国もアメリカも幾度となくわが国へ干渉してきています。これはウェストファリア体制（国際体制）に違反してもいるわけです。

私たち日本人は、私たちの伝統的なやり方で、戦争で亡くなられた方を慰霊する。それは彼らがまさに、将官から一兵卒に至るまで、「英霊」であるからです。英霊として、今も日本（日本人）を守っていてくれていると思っているからです。

だから、英霊の方々も私たちと一体であり、天皇陛下にとっても「大御宝」なのです。

「君民一体」――。これが「日本型民主主義」のひとつの特長であり、「階級闘争」から生まれた「西洋型民主主義」と決定的に違うところなのです。

＊

日本再発見
その四

【企業と農業、そして道徳心】

「日本式経営」の復権が
“道徳心”を取り戻すカギ

◉「シャープ」が没落した理由

平成28年2月6日の産経新聞に、「台湾の企業（鴻海《ホンハイ》精密工業）がシャープの買収の優先交渉権を得た……」という記事が出ていました。この買収交渉自体をここで取り上げるわけではありませんが、私が気にしているのは、優良企業の「シャープ」がなぜこのような状況に陥ったのかということです。

日本を〝再発見〟するうえで、この問題について正面から考えなければなりません。ただ単に「日本のかつての優良企業が、外資に買収されるかもしれない」というだけの話ではない。これはシャープという企業の問題だけではなく、日本のグローバル企業が直面している共通の問題なのです。

ちなみに、「鴻海」という会社は製造業ではありません。単なる組立てメーカーです。鴻海は世界各国から部品を買ってきて、各企業に頼まれて、組み立てているだけの会社です。そういう会社が、かつての優良企業であったシャープを買収するということですから、本来は考えられないことなのです。

私はシャープの内部事情は知りませんし、経営の専門家ではありませんが、こうなった原因はシャープ自身にあったのだろうと思います。それは、シャープが日本企業の本来の在り方や基本哲学、基本精神を失いつつあるから、このような状況に追い込まれたと考えるからです。

「日本的な経営」というのは、「共同体的な企業経営」であったわけですが、今では「共同体」という言葉自体が古臭い言葉のように思われています。

しかし、実は日本企業が、特に製造業がこれだけ世界の冠たるものに成長し、業績を上げてきた（実は、今も業績を上げているのですが）要因は、日本企業が〝共同体精神〟を持っていたからなのです。このことこそが、日本という国の在り方を考えるうえでのひとつの指針になるはずです。

◉「農業」と「工業」は同列には語れない

日本の製造業の衰退とＴＰＰ（環太平洋戦略的経済連携協定）の問題は、実は密接に関係しています。ＴＰＰはその全貌がよくわからないまま、いつの間にか調印されてしまいました。

ＴＰＰの一番の問題は、農業と工業を一緒くたに考えていることです。だから農業も自由貿易の対象にされてしまっているのです。農業は工業とはまったく違うものです。

そういうことをまずはしっかり認識することが、この問題を検証する第一歩だと思うのです。

残念ながら、農業関係の方々は（農林水産省も含めて）そういう発想が極めて弱い。「農業は他の産業とは違う！」と主張できていません。それどころか、経産省（外務省も含めて）で「自由貿易」の旗振りをしている人は、「農業も世界で通用する競争力を持たなければならない」というような議論を展開しています。もちろん新聞をはじめとするマスメディアはほとんどそういう論調です。「TPPを通して日本の農業を改革する」という例のいつもの決まり文句です。

しかし、何を改革するというのでしょうか。

「農業は自由競争をやるべき対象なのか？」――。これはもう根本哲学の問題ですが、そういうことを農業関係者や政府が主張しないということが、私は非常に不思議に感じるのです。

◉農業が衰退すれば国民が飢える

農業問題というのは、自由貿易云々《うんぬん》の話では当然ありません。ですからTPP交渉でもそういうテーマで議論を戦わせていけば、十分に日本の農業を守れたはずです。そうではなくて、同じ自由貿易の土俵に上がって議論すれば、「価格が高い」「非効率だ」ということでやられてしまうのは当たり前の話です。だから、日本のＴＰＰ交渉の戦略がそもそも間違っていたのです。

なぜ私が農業問題を重要視するのか。それは、今日の日本の製造業があるのは、実は農業のおかげだと思うからです。そのことを、実は多くの人が気づいていません。むしろ逆だと思っている人が多いようです。

今、盛んに行われている議論は、「農業に製造業のやり方を持ち込もう」というものです。そこで、「農業法人」などができてきています。農業法人そのものが悪いとは言いませんが、企業の論理を農業に持ち込めばどういうことになるでしょうか。赤字になったら即撤退するでしょう。

農業は撤退してはいけないのです。撤退したら私たち国民が食べられなくなってしまうからです。黒字が出ているときはいいのですが、赤字になったらすぐに撤退してしまうでしょう。企業であれば当然ですが、そうなればすぐに国力が低下してしまいます。

赤字であろうが何であろうが、農業は続けなければなりません。農業が衰退すれば国民は食べられなくなる。私たち一人ひとりがそういうことをもう少し真剣に考えなければばいけないのです。

◉「農業の精神」の重要性

農業が日本の根幹であるということは言うまでもないでしょう。例えば『古事記』の時代にすでに、「農業は日本を繁栄させる基本である」ということが謳われています。邇邇藝命《ににぎのみこと》が高天原から日本に下ってくるときに、天照大神が稲穂を渡して、「これで日本という国を栄えさせて、繁栄させてまとめなさい」ということをおっしゃったという神話があります。『日本書紀』にはそれが詳しく書かれていますが、農業こそが日本の産業の基本なのです。

「農本主義」、あるいは「生産経済主義」といってもいいのですが、日本では「生産」が最も重要なファクターです。その生産の基礎にあったのが「農業」なのです。

農業生産が国の根幹であるという思想があったからこそ、日本の製造業も発展することができた。同じように、商業もサービス業も発展することができたのです。

言い方を変えれば、稲作の精神と、製品を作る精神と、商品を売る精神が、みな同じだった——。その根底にある「稲作の精神」＝「農業の精神」がなくなれば、他も順番になくなっていくのです。そして、この農業生産を支えたものは「村落共同体」でした。「天つ罪《あまつつみ》」という言葉があります。私たち日本人が犯してはいけない罪は何かというと、「稲作の邪魔をすること」でした。「畔《あぜ》を潰す」「田に水を引かせない」などのことを「天つ罪」と言ったのです。これら農耕を妨害する行為が一番大きな罪と言われてきました。

これが日本人の倫理観のもと、企業倫理のもとになった。ひと言で言うなら「人様に迷惑をかけない」、つまり「共同体の規則を大切にする」ということです。

そう考えると、私たちがいかに稲作というものを重視していたかということがわかります。米作りがすべての生産活動の基礎になっていたということがこれだけでもわかるでしょう。

残念なことに、ＴＰＰにおける農業論議では、そういうことに配慮が払われていません。効率のいい農業というのは必要かもしれません。しかし、効率だけの農業では駄目なのです。

今の農業には改善すべき点はいろいろありますが「効率化のために農業のやり方を見直す」「世界に打って出るために農業経営のやり方を変える」という考えは、本末転倒と言えましょう。

◉日本の土地が枯れていく……

農業というのは、そもそも輸出を目指すものではありません。もちろん結果として余剰生産ができるのであれば輸出してもいいのですが、それは本筋ではありません。今、日本は世界に輸出できる農業を目指しているわけですが、そうなると次に何が起こるでしょうか。日本人が食べる農業が軽視されることになるのです。

食物というのは、私たちの健康の基礎となるものです。ですから農業をどう改革するかという議論を行う場合、そのことを考えて行う必要があるのです。しかし残念なことに、日本ではこういう議論はなかなか支持を得られません。

どうしてかというと、日本全体が「効率主義」に陥っているからです。これはグローバル化の悪い面が出ているわけですが、効率の悪い企業や産業は潰していくという発想です。

都会で生活する人が多くなったせいか、私たちには「土地」というものの実感があまりありません。都会の道路はほとんどがコンクリートで覆われています。しかし、土地は「生命力」を持っています。そういう視点から農業を見るというのは、コンクリートに囲まれて生活している人たちには少しわかりにくいかもしれません。ですが、「稲がなぜ実るのか」「果物がなぜできるのか」ということをたまには考えてみてはいかがでしょうか。

「土地の生命力」ということを考えて欲しいのです。土地が劣化すれば、生命力そのものが弱っていく。弱った土地からは良い作物はできません。

私自身は農家の出身で、農業をしてきたからわかります。田植えをし、稲刈りもしました。農業に携わる人は、今でも土地の持つ生命力というものを全身で感じながら生活しています。その大事な土地の生命力が今、弱ってきているのです。

どうして弱っているのか。それは「肥料」のせいです。肥料はもちろん一時的には生産性を上げます。しかし、長い目で見ると土地の生命力を低下させているのです。今、「自然農法」や「有機農法」が見直されているのは、そういう問題が起こっているからです。

農業が企業化するということは、インプットとアウトプットをできるだけ効率化し、利潤を上げるということです。そこでは土地の生命力というものは考慮されません。「肥料をいくらつぎ込んでもいい」「結果としてアウトプットを増やせばいい」ということになるのです。

誰かがそういう発想を止めなければいけません。皆が気づいたときにはすでに遅かった――。そうなる危険性が大いにあるのです。
日本の土地からは何も実らない。将来そうならないように私は祈っていますが、私たちが常日頃から注意していないと、この悪夢が正夢になる危険がないとも限らないのです。

◉「命の大切さ」は教えても、「なぜ命が大切か」を教えない教師

今、世界ではどの国も「とにかくできるだけ効率のいい農業」を目指しています。当然、「遺伝子操作」もやっています。人体に有害な農薬も使っています。

しかし長い目でみると、効率化だけを目指す農業は、先に述べた通り土地の生命力を滅ぼすことに直結します。それは狭義でいう農業が滅びるだけでなく、人間の生活そのもの、人間の生命力が弱っていくということに繋がっていくのです。

私たちはただ単に生きているわけではありません。そのあたりの「心の教育」は残念ながら戦後は行われてきませんでした。

「私たちは生きていて、しかも生かされている」――。そういうことを考えてはいけない、というのが戦後の教育でした。

「命の大切さ」しか学校の先生は教えません。「なぜ命が大切か」ということを今の学校の先生は教えません。それは「命というものがどういうものであるか」ということを先生自身がわかっていないからかもしれません。

「命」についてはいろいろな考え方がありますが、例えば「命とは借り物である。だから、大切にしなければならない」ということを教えることができれば、子供たちの命に対する考え方が違ってくるはずです。

「なぜ人を殺してはいけないのか」という質問に対して、答えられない先生が多いと言います。命は大切だと言いながら、なぜ人を殺してはいけないのかということを、きちんと説明して、子供を納得させられる先生が少なくなっています。

でも、そうなるのもわかる気がします。「命というものがどういうものであるか」ということを、教える側の先生もこれまで学んでこなかった。だからわからないのです。

命というものは「唯物論」ではわからない。「心臓＝命」ではありません。そういう基本的なことを、彼らは教わってこなかったのでしょう。

◉日本人に本来備わっていた〝道徳心〟

日本の企業が、本来の「日本的企業精神」をなぜ失ったかというと〝道徳心〟を失ったからです。共同体というのは道徳を生む基盤です。つまり、私たちは道徳心というものを独立したものとして考えがちですが、実はそうではありません。その共同体という社会のなかで、道徳心というのは育まれていくわけです。

戦前の日本人はそうだったのです。「共同体のなかで迷惑をかけてはいけない」、それが道徳心でした。それ以外にもたくさんありますが、そういうところが日々の生活にあったわけです。

ところが今はなくなってしまった。共同体精神を失うということは、道徳心を失うということと直結しているのです。

でも、学校の道徳教育ではそういうことは教えません。教えないというか、教えられないんですね。そして、その共同体精神を支えていた農業が衰退の一途を辿っています。

また、「共同体を大切にする」ということは、言いかえれば「公を重視する」ということです。情けないことにこの頃は、こういうことを言うことすら憚《はばか》られるようになってしまっています。

◉「個」は「公」のなかにある

個性（個）を大切にしなければいけないとよく言われます。しかし個というものは、公があって初めて存在するものです。そんな当たり前のことを今の日本では教えません。「公」がないと「個」は存在し得ない。そういうことは、教えられなくても昔の人は感覚的にわかっていました。それが、戦後教育の結果として、誰も皮膚感覚として感じられなくなった。そういう意味では、皮肉なことですが、ＧＨＱの戦後教育は成功しました。だから今は、「個人の利益を最大化する」ということが立派な生き方だということになっています。

今の日本社会がなんとなく弛緩しているというのは、そういうところからきています。公と個とは正面から対立するものではありませんが、戦後は「共同体は人間の自由を縛るもの」「そういう秩序には反抗すべき」と教えてきたわけです。

私は人権や少数派の権利などは信じていません。なぜかというと、それは意図的に作られたものだからです。共同体の秩序を破壊するためにそういうことが発明されたのです。これをフランクフルト学派の「批判理論」というのですが、東北大学の田中英道名誉教授がそのことを『日本人が知らない日本の道徳』（ビジネス社）という本で鋭く突いておられます。

戦後、「公」という言葉は、言い方は悪いですが「日陰もの」になりました。逆に「自分のことを大切にしろ」と教えてきました。その戦後教育の結果が今日のこの荒《すさ》んだ社会を作りだしたのではないかと私は思っています。

ただ、戦後70年、これだけ公の利益よりも私益を優先して来たにもかかわらず、日本の社会は未だに冠たるものとして世界のなかに存在しています。それは日本人の民度がそれほど高かったとも言うことができるのかもしれません。

日本再発見
その五

【日露の類似性】

ロシア人と日本人の意外な共通点

◉歪んだかたちで伝えられてきたロシア情報

今回はまず、「ロシア正教」について少しお話してみたいと思います。

なぜ日本人にあまり馴染みのないロシア正教の話を取り上げるのか。結論から先に申し上げますと、ロシア正教と私たち日本人の一般的な宗教観とは、非常に似たところがあるからです。

ロシア正教の元である「正教会（東方正教）」は、同じキリスト教のなかでも他のカトリックやプロテスタントと異なる部分があります。大きく違う点は、正教会は「性善説」であるということです。

カトリックやプロテスタントの教義には「原罪説（人間はもともと罪人である）」があります。「人間は誰しも罪を背負って生まれてきている」という教義です。「性悪説」と言ってもいいでしょう。

ここでは宗教の教義そのものに注目をしてお話するわけではありませんが、そういう視点からロシア正教を見てみると、いろいろと興味深いことが浮かび上がってくるのです。

同時に、私たち日本人は共産主義国ソ連に対するマイナスイメージが強すぎたこともあって、ソ連崩壊以降、ロシアについて大きな誤解を持っていました。それは、ロシアの正確な情報が私たちには知らされなかったからです。

私たちは知らず識らずのうちに、「欧米目線のロシア観」に染まっています。日本のメディアも基本的に欧米のメディアの視点でロシアについて報道する。だから、私たちのロシアを見る目というものがますます歪んでしまうのです。

この状況を打破するため、本講座ではロシア人の国民性や特徴というものを検証していきます。その後で、皆さん自身で今のロシアの政情、あるいはロシア人なりを判断していただければと思います。

◉「政教分離」は本当に正しいのか

ロシア正教については、先ほど「性善説」であると申し上げました。つまり、ロシア正教では、「人を見たら悪人と思え」あるいは「罪人だと思え」とは考えないということです。これはロシア文化を考えるうえで、非常に大きい要素であると思います。

性善説に立つと、「対立」という考えをあまり持たなくなります。

通常のキリスト教の世界観では、正義と悪があり、正義の側には聖者がいて、悪の側には敵がいる。それらが対決し、最終的に正義が勝つ。そういう構図です。

ロシア正教の世界では、「聖」と「俗」という考えが他のキリスト教と違うのです。「聖」というものは「あの世」のことでもあり、「俗」というのは「この世」のことでもある。それを二元的に対立しているとは捉えない。カトリックやプロテスタント、あるいはユダヤ教もそうですが、「聖と俗は対立する」ものとして捉えます。しかし、ロシア正教は違うのです。

また、他のキリスト教では、聖と俗の対立が、人間同士の対立にも繋がっていきます。つまり、カトリックやプロテスタントなどでは、自分たちの宗教を信じるものとそうでないものとを対立軸として考えるわけです。

ところがロシア正教の場合は、「人間同士は対立するものではなく、お互いに調和の関係にある」と考えます。ですから、正教文化では、私たちが当然のことのように思っている「政教分離」という発想はないのです。

「政治と宗教を分離しなければいけない」というのは、「どちらかがどちらかを利用、または弾圧することになるから、分離したほうがいい」という考えです。ところが、正教文化の世界では、政教の分離ということは生じません。それは、「政」と「教」も対立しないからです。

私たちは戦後教育のなかで「政教分離は重要なこと」と教え込まれていますが、「なぜ重要なのか」ということについて、もう一度じっくり考えてみる必要があるでしょう。

◉「聖」と「俗」は対立するものではない

ロシアに限りませんが、正教会の世界では基本的に「対立の構図」を取りません。「お互いに役割が違う」という発想なのです。

昔であれば「ロシア皇帝と総主教とは目指す方向は同じだが役割が違う」とよく言われたようです。「政治の世界で人間を救済するか、それとも宗教の世界で救済するのか、でもその両方が必要だ」ということです。

こういう話をすると、ドストエフスキーの小説を読まれた方はすぐに気づかれたと思います。例えば『カラマーゾフの兄弟』が典型的です。あれは聖と俗は対立するものではないということを暗示している小説でもあります。

カトリックやプロテスタントのように、聖と俗が対立しているという対立の構図があると、「人はパンを求めるあまりに、宗教（精神）を求めなくなる」という二分法になってしまう危険があります。そこから、『カラマーゾフの兄弟』の「大審問官」にみられるように「だからパンを与えておけばそれでいい。人はパンさえもらえれば宗教（精神）を捨てる」という唯物論的な発想にいきつくわけです。

しかし、ロシア正教の場合はそういう発想はしません。ロシア正教では、「パンも宗教（精神）も両方必要だ」ということになります。要は、そのバランスが重要だということです。

このバランス感覚というのは、言葉を変えれば「調和」です。気づかれた方もいらっしゃるかと思いますが、ここで日本の「調和」＝「和」の世界観との類似性が見えてくるのです。

◉「踏み絵」を踏んでも、信仰を守ることはできる!?

ロシア正教会のもうひとつの特徴は、「聖母マリア」への信仰が強いということです。日本にも「女神信仰」がありますから（天照大神も女神です）、ロシア人の「マリア信仰」は理解しやすいと思います。正教は布教に積極的ではありません。この点も神道と似ていると言えます。

もうひとつよく似ているところで「怨霊《おんりょう》信仰」というのがあります。怨霊というのはいわゆる怨念を抱いて亡くなった人、その人を手厚く祀るという思想です。

日本にも怨霊信仰がありますね。例えば、よく知られているところでは菅原道真《すがわらのみちざね》でしょう。藤原氏の讒言《ざんげん》によって九州に左遷されて亡くなった菅原道真の霊を慰めるために、京都に「北野天満宮」が建てられたと言われています。今では「学問の神様」としても有名です。

ロシアにも同じような例があります。皇帝ニコライ2世は「ロシア革命」で斬殺されたのですが、その後名誉が回復され、ニコライ2世とその家族はロシア正教の殉教者として「聖人の位（列聖）」に加えられたのです。このように、ロシア正教は日本の怨霊信仰と非常によく似ています。

なぜロシア人と日本人の宗教観は似ているのか。それは、元を辿れば「性善説」と「役割分担」というところにいきつきます。

また、聖と俗というのが調和の関係にあるというのは、「殉教」についての考え方も違ってきます。

かつて日本ではキリシタンが弾圧されて殉教した人が少なからずいました。しかし正教では殉教してもいいし、しなくてもいいのです。ちょっと言い方が雑すぎたかもしれませんが、キリシタン弾圧の故事に倣えば、「踏み絵を踏んでもいい」と言っているのです。

「踏み絵を踏んでも信仰を守ることはできる」というのがロシア正教の考え方なのです。逆に、「殉教してもいい」というのもおかしな言い方になるのですが、「弾圧に対する殉教」という手段も否定しません。

カトリックなどの場合は殉教しか認めませんが、ロシア正教では「転んでもいい」ということです。「踏み絵を踏んでもいい」と言っているわけで、これは非常に大きな違いです。

日本でもクリスチャンの小説家がたくさんいます。例えば、踏み絵や殉教は遠藤周作の小説の重要なテーマでもありました。「キリスト教徒は転んではいけないのか」「神はそれを認めてくれないのか」という内容が多かったと私は理解しています。もし遠藤周作がロシア正教を詳しく研究していたら、また違うかたちのキリスト教小説が生まれたかもしれません。

正教文化というのは「踏み絵を踏んでもいい」と言う。それでも信仰を守ることはできるんだと言う。こういうことを認めているということは、対立的な世界観とは違う世界観であり、バランスを重視する世界観だということのひとつの証拠になるでしょう。

私は宗教家ではありませんが、私のような一般的な人間がそのような想いを抱くということは、やはりそれだけカトリックなど他のキリスト教とロシア正教の違いに特徴があるのではないかと思います。

◉「国土観」が似ている、ロシア人と日本人

それ以外にもロシア人の国民性と日本人の国民性は似たところがあります。例えば「国土観」というのも非常に似ています。

ロシアの場合は「母なる大地」と言います。これは私たち日本人ととても近い感性です。日本の国土はロシアの45分の1程度の広さしかありませんが、高天原の神々が生んでくださった土地だという意識が日本人にはあります。日本人もロシア人も土地に対する深い愛着を持っているのです。

共産主義（ソ連）の時代でさえ、ロシアの人々は西側にそれほど亡命はしませんでした。それはなぜか。彼らは「自分たちはロシアの大地を離れたら、ロシア人たりえない」と思っていたからです。ロシアの大地で2年間生活した経験がある私にはその気持ちがよくわかります。そのことを見るだけでもロシア人と日本人は、同じような国土観

を持っているなとあらためて強く思うのです。

例えば、アレクサンドル・ソルジェニーツィンという小説家は、アメリカに亡命しましたが、結局アメリカでは執筆活動ができないということで、再びロシアに戻ってきました。

ソ連という共産主義の下で、性善説たる正教文化はまったく相容れないイデオロギーでしたが、それでもロシア人たちは信仰を守ることができたのです。

その理由のひとつは、先ほども申し上げました通り「転んでもいい」という柔軟さです。信仰を守るうえで、踏み絵を踏むということもひとつの選択肢だということを認める。そういう教義があったからこそ、彼らは「表向きは共産主義に従うふりをしながら、信仰を守り通すことができた」のです。

共産主義のソ連が崩壊して、ロシア人が（ウクライナ人もそうですが）一番最初に行ったことは、共産主義時代に破壊された教会の再建でした。

それから10年以上経って、プーチン大統領は非常に象徴的な発言をしました。「ロシアが蘇った」と言ったのです。

ソ連が崩壊してしばらくの間、ロシアは混乱していたが、そこから見事に国家として蘇ったと——。その元になったものは何かといえば、それは「核兵器」と「ロシア正教」だったとプーチン大統領は発言したのです。

核兵器という言葉にはやや違和感を持つと思いますが、そこは「軍事力」や「国防力」と言い換えてもいいと思います。

プーチン大統領は「核兵器を持たない国は主権国家ではない」とまで言い切っている人です。この点は日本人の感情とは少し違うのですが、いずれにしても「ロシアという大国を守るためには、ロシアという大国が主権国家として生きていくためには、核兵器が必要である」という意味だと私は理解しています。

これをもう少し一般化すれば、「国家には軍事力と精神力の両方が必要だ」ということになります。これは戦後の私たちにとって、とても興味深い言葉です。日本の場合は、軍事力そのものについては未だに議論がスタートしていませんが……。

それはともかくとして、「ロシア正教がロシアを再生するうえでの重要な要素であった」ということを、プーチン大統領は強調した。そこに、ロシア正教が持つ意味がよく出ていると私は思いました。

冒頭で、私は「役割分担」ということを申しました。あるいは「聖と俗を二元論的に考えない」ということを申しましたが、それは逆に言うと「黒白をはっきりさせない」というのがロシア人の特徴であるということです。彼らは物事をとことんつきつめないということです。そういうところがロシア人の国民性のひとつとしてあり、バランス感覚を大切にしているということでもあるのです。

そして、それは「白黒をつけないと安心できない」という欧米的な見方とは大きく違っています。そういうところを見ただけでも、「ロシア人は日本人とよく似ているな」とあらためて思うのです。

◉ロシアに必要な〝強い〟リーダー

もうひとつロシア人の特徴的なところは、「集団主義」という集団性です。ロシア人は個人主義には馴染みません。個人主義というのを徹底的に嫌うのです。集団性、あるいは共同性とも言えますが、「個人というものは全体の一部となることによって初めて完成する」という考え方がロシア人にはあるからです。

これが「ロシア的集団主義」です。この集団主義というのは正教的な、宗教的な意味での「神との一体感を感じることによって心の安心感を得る」ということです。先に、ロシア正教とロシア皇帝は役割を分担していると言いましたが、政治の視点から言うと「独裁者との一体感を感じることによって心の安心感を得る」ということにも繋がります。

しかし彼らが言う「独裁者」とは、ロシアという国家を導く「指導者」のことで、その指導者と一体感を感じることによってロシア人であるということの安心を感じるという意味です。

政敵などを多数粛清したスターリンには様々な問題がありました。私はスターリンのやり方そのものを弁護するつもりはありませんが、共産主義という体制でなくても、スターリンのような独裁者はロシア国民には受け入れられただろうとは思います。スターリンの下でロシア人が団結してヒトラーを打ち負かしたことは、非常に大きな歴史的意味を持っているのではないかという気がします。

それは自分（国民）を弾圧する独裁者としてのスターリンではなく、スターリンと一体化することによって、自らの「存在感」や「安心感」を得るという心理構造が、ロシア人のなかにはあったということです。

だから、今でもプーチン大統領は80～90％近い支持率を享受している。これはロシア国民が（いわゆる私たちの定義であるところの）独裁者を許すということではないのです。ロシアにはそういう強力な指導者が必要だということです。ロシアを導く人は強烈な指導力を持っていないとロシアの大統領にはなり得ないのです。

日本政府がロシアとの関係を考える場合は、そのような強いリーダーがロシアの指導者にとっての必須条件だということを考えながら様々な問題に対処する必要があるでしょう。

「北方領土問題の解決は、安倍首相とプーチン大統領が二人っきりで話し合って、手を握る以外にない」ということを私が以前から申し上げているのは、そういう意味でもあるわけです。

そのプーチン大統領の強い指導者としてのイメージ、「大国ロシア」に誇りを持つロシア国民のイメージというものを日露協力によって強化することができれば、私は北方領土問題というのは、そう遠くない時期に解決できると思っています。

日本再発見
その六

【マスメディア】

「報道の自由」とは何か

◉「言論の自由」と「報道の自由」は同じ？

今回は「報道の自由とは何か」というテーマでお話ししようと思います。平凡なテーマだと思われるかもしれませんが、実はそうではありません。

「報道の自由」という言葉は、憲法のどこにも書かれていません。「言論の自由」はもちろん保証されていますが、「報道の自由」は保障されていないのです。通説では、「報道の自由」も「言論の自由」の中に含まれているということになっていますが、本当にそうなのか、というのが今回の講義での問題提起です。

「報道の重要性」ということは私もわかりますが、「言論の自由」と同じレベルの「報道の自由」というものが存在しているのか、ということについてはとても懐疑的です。

「メディアを使って人々を洗脳することは、民主主義という政体を維持するうえで必要なことだ」ということが、すでに1920年代から言われています。アメリカのジャーナリストのウォルター・リップマンは「民主主義は幻想だ」と言っています。「そう錯覚しているにすぎない」と――。

現在、そのアメリカでは大統領選が盛んです。アメリカ国民は「4年に1回、大統領を自分の力で選べる」と思っていますが、実はそれは幻想に過ぎません。すでに100

年近く前にリップマンはそう喝破しているのです。

◉忘れてはならない、バーネイズの警句

もっとはっきり言っているのは、「広報の父」として知られる広報活動とプロパガンダの専門家エドワード・バーネイズです。彼の著書『プロパガンダ教本』は日本語にも訳されていますから興味のある方はチェックしてみてください。

彼は、「大衆の意見を、大衆の目にみえないかたちでコントロールする人々こそが、アメリカの目に見えない統治機構を構成している」と言っています。つまり、「アメリカ国民の意見を、目に見えないかたちで、それと見抜かれずにコントロールしている存在。それこそがアメリカの真の支配者だ」と言っているのです。

私たちは「報道の自由」を議論するときには、バーネイズのこの警句を絶えず心に留めておかなければなりません。私たちは今でこそインターネットを介するなどしてマスメディアの報道をチェックする手段を得ています。しかし、ネットが普及する少し前までは、まったくその手段を持っていませんでした。私たちは一方的に流される新聞報道を読み、一方的に報じられるテレビのニュースに接するだけだったのです。

バーネイズもリップマンも1920年代に活躍した人なのですが、もうその頃からメディアの真の役割ということを先のような言葉で説明していました。私たちは彼らの言葉を決して忘れてはいけないと思います。

私は、メディア報道のすべてが洗脳だと言っているわけではありません。しかし、「どういう方向に世論を導くか」あるいは「どういうイメージを視聴者に、読者に植え付けるか」という段階では確実に洗脳が行われていると言っていいと思います。

以下にその例を挙げていきます。この検証例を読んでいただければ、今までマスメディアによって知らず識らずのうちにある一定の方向付けをされていたということに気づかれると思います。

◉〈検証例1〉杉原千畝の「命のビザ」問題

まず、「日本のシンドラー」と言われる杉原《すぎはら》千畝《ちうね》の話からいきましょう。今でも彼を主人公にした映画やドラマが作られたりしています。ご存じの方も多いと思いますが、いわゆる杉原千畝の「命のビザ」問題です。

これは第二次世界大戦の最中、リトアニアのカウナスの副領事に赴任していた杉原千畝が、ユダヤ難民に対して日本の「通過ビザ」を出したという話です。

ここで問題としたいのは、日本政府が「ビザを出すな」と言っているのに、それに抵抗して杉原が個人的にビザを出したと言われていることです。映画もドラマも基本的にこのラインで貫かれています。

しかし、私がイスラエルに赴任していたとき、いろいろな外務省の文書にあたってこの問題をチェックしましたが、映画やドラマで描かれるような話はひとつも出てきませんでした。あれはまったくのフィクションなのです。

当時、外務省からは「統一の訓令」が出ています。外務省は「ユダヤ難民にビザを発給してもいい」と言っています。その場合に、「十分な旅費を持っていること」「(通過ビザですから）最終目的地のビザを持っていること」を条件としてはいますが、それをクリアさえしていればビザを発給してよいと指示していました。

ちょっと考えてみれば、当たり前のことでしょう。外務省の人間なら誰でも知っていることですが、ビザは本国政府が「YES」と言わないと発給できません。だから、それに逆らって、現地のいち外交官がビザを発給するということはあり得ません。

あり得ないことが起こったというふうにドラマは作られる。ここからもう洗脳が始まっているのです。

当時、日本に用務で一時帰国していた私は、某テレビ局から「杉原千畝のテレビドラマを作るので、事情をレクチャーして欲しい」という依頼を受けました。そこで私は、日本政府がビザの発給を拒否しなかったこと、杉原千畝はその後順調に出世をして勲章までもらっていること、彼が外務省を辞めたのは外務省の人員整理の一環であったことなどを、テレビ局のディレクターに詳しく説明しました。そのディレクターは、「よくわかりました」と言って帰られました。ところが、できあがったドラマを観たら、私が話したことはまったく無視されていたのです。

噂通りの筋書きというか、洗脳通りの筋書きになっていました。つまり、日本政府が拒否したにもかかわらず、自分（杉原）の命の危険を冒してまでビザを発給してユダヤ人を救ったという美談としてドラマが作られていたのです。

私はそのテレビドラマを観たときに、とてもやりきれない気持ちになりました。ところがその後も、杉原千畝に関しては、日本のメディアはすべてこの美談のラインで一致しています。左右関係なく、未だにそうです。

例えば「慰安婦問題」についてはメディアの態度は右と左で分かれていますが、こと杉原千畝に関してはまったく同一なのです。

杉原千畝のビザ発給については、メディアは右も左も一致して日本政府を悪者に仕立て上げている。これはどう考えてもおかしいでしょう。背景に何かがあると、当然そう考えざるを得ません。

この問題が取り上げられたのは、１９９０年代のはじめです。その当時は、どうしても日本政府を悪者にしなければならない事情があったのだと思います。杉原千畝のビザ発給の話が出てきたのは、冷戦後、いわゆる日米の構造協議が始まり、アメリカと日本との間の経済関係が悪化したときです。「経済を巡って、日米の利害が対立していた時期」といってもいいでしょう。

◉〈検証例2〉プーチン悪者説

今でもこういった洗脳報道は行われています。

例えば、プーチン大統領に対する日本のマスメディアの態度です。これは産経新聞から朝日新聞まで、それこそ右から左まで一致しています。

「プーチンは悪」というラインで全マスコミが統一されています。だからそのことひとつとってみても、何かが隠されていると考えられます。

「ウクライナ危機」の真相、プーチン大統領の立場なり考えについて、私はいろいろなところで何度も説明してきました。日本のメディアはじめ、世界のメディアで報道されているプーチン大統領に関する報道は、ほとんどがデタラメです。事実とは真逆のことが報道されています。

プーチン大統領は受け身です。つまり、先に喧嘩を売ったのはアメリカで、喧嘩を売られたのがプーチンなのです。でもそういうことは、日本のメディアは一切報じません。今、ほとんどのマスコミは「プーチン訪日は時期尚早」と言っています。これだけでもわかりますね。つまり、「日露関係を強化してもらっては困る」という勢力がいて、その勢力の意向を日本の各メディアは代弁している。そういうふうに日本のメディアの報道を読んでいかなければならないのです。

◉〈検証例3〉スタップ細胞＝小保方潰しの背景

次に取り上げるのは、いわゆる「スタップ細胞」問題です。これが2年前に起こったとき、マスメディアはどう動いたかということです。科学誌『Nature』に発表した論文で形式的な不備が発覚した後、メディアは一致して小保方晴子《おぼかたはるこ》氏を攻撃しました。

私自身は科学者でもありませんし、理研の事情に詳しいわけではありませんが、なぜ日本のメディアは一致して、「スタップ細胞潰し」「小保方潰し」に走ったのかということを問題にしたいのです。

ここでも裏返して見ればわかりますね。「なぜ小保方氏を潰さなければならなかったのか」ということです。そうしなければならない〝背景〟があったはずです。

小保方氏が手記を出しました（『あの日』２０１６年１月）が、それに対してもメディアはこぞって反発しました。彼女が研究者として、たとえ至らぬ点があったとしても、これほど執拗に攻撃する必要はないと思います。

しかも、スタップ論文は彼女の単独の論文ではなく、理研が組織として、共同研究者のチェックをクリアして『Nature』に出したわけですから、なぜ彼女だけが責任をとらなければならないのかということです。

もうおわかりですね。彼女をそういうふうにして葬りさらなければならない〝事情〟があったのです。誤解を恐れずに言えば、「日本にはスタップ細胞の研究をさせない」という誰かの〝意思〟があった。こういうことが背景に隠されていると私は思います。

「おそらく、そのうちにどこかの国の製薬会社か研究者、あるいは研究所がスタップ細胞を発見し、作成する。そして、特許を取るだろう。日本はおそらくこの研究では先行していた。だから、潰されたのだ」と、騒動を見ながら私はそう考えました。

私は確実な証拠をつかんでいるわけではありませんが、一連のスタップ細胞騒動の報道を見ていれば想像がつきます。すべてのメディアが一斉に叩きましたから、「何かが隠されているな」ということは常識的に見ればわかるのです。

私は「常識」の話をしていているのであって、別に怪しげな情報に基づいてこういう話をしているわけではありません。賢明な読者の皆さまはすでにお気づきになったと思いますが、こういう類《たぐい》の話は過去に何度も起こっています。日本が何かの研究で先行すると、必ずといっていいくらい足を引っ張られるのです。

——その後、ドイツのハイデルベルグ大学がスタップ細胞を再確認することに成功し、またハーバード大学がスタップ細胞の特許申請を行ったとの報道がありました。

◉「魔女狩り」を楽しむ、恥ずべきメディア人

小保方晴子氏はお若いし、いろいろと至らぬ点はあったのかもしれませんが、もうすでに彼女は理研を辞職して責任をとっています。本来は早々に終わりにすべき事件だっ

たはずです。しかし、メディアはそれを終わらせなかった。執拗に彼女を攻撃し、博士号まで取り上げたのです。

どうしてそうまでする必要があるのでしょうか。彼女がミスをしたのであれば、それは「理研を退職した」という事実で社会的な制裁は受けているわけです。私はそれさえもやり過ぎだと思っていますが――。

あの一連の報道を見たときに、これは一種の「魔女狩り」だと思いました。なぜあそこまでやらなければならないのか。しかも、理研という組織は小保方氏を守らなかった。理研も一緒になって魔女狩りをやった。早稲田大学も一緒になってやった。彼女から博士号を取り上げたわけですからね。

では、なぜそうしなければならなかったのでしょうか。それは先ほど申し上げた通り、「日本にはスタップ細胞の研究はさせない」という勢力がいるということが真因です。おそらくこれから日本の研究者のなかからは、スタップ細胞研究をやる人は出てこないでしょう。怖いですから、誰も手を出せないと思います。

こんな魔女狩りのようなことを、各メディアが一緒になってやるのはいかがなものか。多くの知識人が一緒になって騒いだではないですか。一緒になって彼女を叩いたではないですか。それは、人間としてとても恥ずかしいことだと思います。

そういうことがこの日本で堂々と行われている。私はそれを見ていて、非常に暗澹《あんたん》たる気持ちになりました。やはり、日本人の倫理観が劣化していると感じてしまいます。本来の日本人の精神とはかけ離れた行動だと思うのは私だけでしょうか。

日本再発見
その七

【ジェンダー】

「男尊女卑」という発想は日本にはない

◉「国連女子差別撤廃委員会」のトンデモ見解案

平成28年3月に、「国連女子差別撤廃委員会」が最終見解案の段階で「皇室の男系継承を批判」という趣旨の文章が入っていたというニュースが流れました。「男女平等」に反するという文章が入っていたというのです。それに対して、さすがに日本の代表部もジュネーブで抗議をし、最終的には事なきを得たのですがこれはとても大きな問題です。

はっきりと申し上げますが、この見解案は確実な「日本破壊工作」です。そういうふうに理解しなければいけません。これは単に彼らが日本の伝統を知らないとか、そんな話ではないのです。意図的に、日本の中心、日本の国体を破壊しようという政治工作なのです。ですから、これについては、日本は抗議するだけで済ませてはなりません。

日本の皇室制度について、女子差別撤廃委員会が勧告する――、そんなことが許されていいはずがありません。「抗議してそれを取り下げさせた」くらいで終わらせてはいけないと思います。

日本としては、「こういうことをやる委員会であるのならば、委員会と日本との関係を再考する」と言わなくてはいけないのです。私は、外務省でユネスコ担当課長をしていたときにそれをやりました。当時のユネスコ事務局の腐敗に抗議して、「改革をしないのならユネスコとの関係を再考する」と日本代表に発言してもらったことがあります。そうしたら、議場がシーンとなりました。そのくらい言えば、女子差別撤廃委員会のメンバーが日本政府を批判することはなくなるはずです。

たとえ批判されても構いません。そうしたら日本は「reconsider（再考する）」と言えばいい。あくまで「再考」で、「脱退する」とは言わない。今までのような協力はできませんと言えばいいのです。それは絶対にやるべきです。抗議したぐらいで終わらせては駄目。それくらい酷い見解案だったのですから。

◉国連に対して、日本政府はもっと強気に

そもそも今回出された勧告的意見というのは、主として「慰安婦問題」でした。これも問題でしたが、それについて彼らは意見を変えるはずがありません。つまり、事実がどうであれ（彼らはそんなことには関心がない）、「日本政府がこれによって、一本とられればそれでいい」という考えなのです。

彼らには「仕事」がありません。今回は日本が審査国だったのですが、日本では女子差別なんて行われていないわけです。だけども、彼らは立場上何か勧告を出さなければ

ならない。そこで、それこそ重箱の隅をつつくようなことをする。この国連の問題については、かつて私も関係していましたからよくわかります。

例えば、彼らはイギリスの王室を揶揄《やゆ》するようなことは絶対に言わないでしょう。ですから、日本をターゲットにした政治工作が、国連を舞台に行われているということなのです。

日本政府も甘い考えは持たないほうがいいと思います。もちろん、国連の職員の方は真面目な方が多い。

国連の職員の方が甘いと言っているわけではありません。女子差別撤廃委員会もそうですが、こういう人権問題を扱う国連の組織を牛耳《ぎゅうじ》っているのはNGO、それも左翼系の非政府組織なのです。

女子差別撤廃委員会の委員といっても、審査対象国である日本の実例なんか知りません。そうすると彼らはどこからか情報を得なければならない。そこで登場するのが日本の左翼系NGOなのです。委員会は、この左翼系NGOから提供された情報を鵜呑みにし、「本当のこと」として受け取ってしまう。だから、日本政府がいくら「そうではない」と反論しても聞く耳を持たないのです。

今回は「性奴隷」という言葉がなくなったということで、わずかな前進はありましたが、この委員会は、この間の「日韓慰安婦合意」を不十分だと言いました。なぜ国連女子差別撤廃員会がそんなことを言うのでしょうか。彼らは、日本政府と韓国政府が合意した問題に干渉することができるとでも思っているのでしょうか。日本政府は、そもそもそういうことを言うこと自体がおかしいと抗議しなければいけないのです。

彼らは「夫婦同姓は男女平等に反する」ということまで堂々と言ってきます。日本の最高裁が合憲だという結論を下したことに対してまで、まだ文句を言ってくる。

ですから、そういうことをする委員会に対し、日本政府は強気の態度をとったほうがいいのです。ただひと言、「お金を出しません」と言えばいい。インプライ（ほのめかす）すればいいのです。

◉〝民営化〟された国連と紐つきNGO

この女子差別撤廃条約については、日本にとって何のメリットもないと思います。国連の人権委員会も日本にとってのメリットはありません。

中国では今、多くの人権が蹂躙《じゅうりん》されています。そういう国に対して勧告するのならわかります。そうではない国に対してなぜこんなことをするのか。つまり、彼らは「仕事」をしなければならないということもあるのでしょうが、日本の反日左翼が国連を舞台に意図的に破壊工作をやっているのです。その手段として、国連は使われているということです。国連はそのへんのことについては猛省する必要があります。

ちなみに、アメリカは女子差別撤廃条約のメンバーではありません。アメリカは入っていないのです。世界で約190の国が入っていますが、アメリカは「署名」はしましたが「批准」はしていないのです。

この手の〝変な条約〟がまだまだたくさんあります。

例えば、「児童の権利条約」は、子供は親の言うことを聞かなくてもいいというとんでもない条約です。そういう条約を国連が作って加盟各国にばらまき、加盟各国の内政に干渉しているのです。彼らはこうやって仕事を作っているわけです。

私は、国連はもうこれ以上仕事を作るなと言いたい。もし新しく作るのだったら、今までの仕事を一本廃してから作るような「スクラップ・アンド・ビルド」でやるべきだと思います。

それから、日本は国連に対し、あまりにも誠実にお金を出し過ぎているとも思います。私も経験したことがありますが、例えば「緊急援助」などの援助問題があります。あれもNGOが主導しているのです。それ以外にも援助関係のNGOというのがある。それで、何か問題が起きるとそういうNGOがまず現場に入るわけです。

国連にはそういう機動力がないですから、現場に入ったNGOが国連に、「こういう悲惨な状況にあるからこれだけの資金援助をして欲しい」と言う。それを国連が取り上げて、加盟各国に「さぁ皆さん、拠出してください」とやるのです。そうすると、日本はそのうちの10％ぐらいを出させられることになる。

そのNGOはいったいどういうNGOかというと、「インターナショナルNGO」と称される人々です。どういう〝紐〟がついているのかはもうおわかりですね。

なぜここで、このNGOの問題を申し上げたかというと、国連のメンバーというのは「国」ですが、裏から画策している、牛耳っているのがNGO、つまり「Non Government Organization（非政府組織）」なのです。そういう意味で、国連は今〝民営化〟されているのです。そういうことに私たちは気づかなければいけません。

加盟国の政府が、国連のメンバーの福利厚生のためにいろいろ議論することは結構なことだと思います。しかし、その議論を誘導するというペーパーを国連の事務局が作る。その場合、NGOの意向が色濃く反映されるケースが多いのです。

特に「援助関係」、それから「人権問題」です。

国連は加盟各国が集まった神聖な国際機関だと思っている方が多いのですが、実態はかなり違います。

私たちはそういう国連の、いわばマイナスの暗い部分を知っておかなければなりません。そういうことを知ったうえで国連対策を行う必要があるのです。

かつて「国連中心主義」という言葉が流行りました。さすがにこの頃はそういう言葉は聞かれなくなりましたが、国連中心主義なんてとんでもないことです。国連がわが国の国益にとってマイナスなことをやっている場合には、私たちは国連に対して堂々と「NO!」と言わなければならないのです。

◉「夫婦別姓」の愚

ここで、「夫婦別姓問題」についても少しお話ししましょう。

夫婦別姓は、女性差別とは一切関係ありません。むしろ男女差別に繋がるのではないかと私は危惧《きぐ》しています。さらに、いわゆる「子供の人権」を侵害する結果になると思います。

それはちょっと考えてみればわかることです。夫婦別姓を導入した場合、子供の姓をどうするかの問題が必ず起こります。子供の姓はどうするのか。父親の姓にするのか、それとも母親の姓にするのか。今の風潮では、子供に選ばせるということもあるかもしれません。しかし、いつ選ぶのか、それまでの姓はどうするのか――、などの問題がでてきますし、破綻するのが目に見えています。ちなみに、夫婦別姓の中国では、子供は父親の姓になるのですが、これこそ女性差別そのものです。

夫婦別姓というのはまったく現実性のない話です。実際にそんなことになったら皆困ります。「父親の姓にするのか、それとも母親の姓にするのか」なんて子供が選べるわけがない。もしそうなったとしたら、誰にとっても「残酷な選択」となるでしょう。

このように、夫婦別姓というのは破綻するものです。最高裁判所の判断は「10対5」に分かれましたが、きちんと最高裁の判決として「夫婦同姓は合憲」と確定しています。

◉結論は「伝統を守ること」

国連女子差別撤廃委員会が、日本の皇室の男系継承を批判したのも、女性差別という理由でした。「女性の天皇を認めないのは女性差別だ」というわけです。しかし、それが差別というのならば、「第一子を天皇にする」というのも第二子以下に対する差別となりますが、これをどう考えるのでしょう。

「第一子が優先して天皇になるのはおかしい。第二子でもいいではないか」と言われたら、それは説明できないですね。だからこういうものは、もともと五十歩百歩の議論なのです。そもそも明確な定義がない話ですから。

ではどうするかといったら、「伝統を守ること」というのが答えになる。常識を働かせればいいのです。「男女平等に反する」などと言うから、論理破綻になるわけです。「平等」というものは、実はあやふやな言葉でもあるのです。同時に「差別」というものもあやふやな言葉です。だからそういうあやふやな言葉を、自分の都合のいいように取って、自分に都合のいいものは平等だと言い、自分に都合の悪いものは差別だと言う。平等は大切なものだと言い、差別はいけないものだと言う。

私たちは「常識」に戻る必要があるのだと思います。常識で考えれば、「人権」や「平等」「差別」といったきれいごとの論理破綻がすぐに見えてくると思います。

日本再発見
その八

【移民問題】

「観光立国」は
「亡国」の危機に繋がる

◉氾濫する中国語とハングルの表示板

今回のテーマは「観光立国」です。

実は、観光立国というのは「亡国」の危険に繋がる重要な問題です。それは「移民問題」とセットになっているからです。

そもそも、「観光立国」という言葉自体がおかしいのです。観光によって国を成り立たせている国は、世界を見てもほとんどありません。こういう言葉をイージーに使うととても危険です。

日本政府には「観光庁」という役所ができていて、観光を振興しています。しかし、そこには中国に対するビザ発給と裏腹な関係があります。なんとか中国人の観光客を日本に入れようとしているのです。これは政治家と官僚が連携してやってきたことです。周りを見てください。観光地どころか、駅名の表示まで中国語とハングルで書いてあります。あの表示は必要でしょうか。

以前、青森を旅行したのですが、その本州の最果ての駅の表示まで中国語とハングルで書いてあるのです。非常に驚きました。誰が見でも観光地を汚していますし、美しくありません。こんなことをしていて、何が観光立国なのかということです。

私は中国や韓国の観光客は日本に来るなと言っているわけではもちろんありません。彼らがやってくる動機、日本側の観光振興の仕方を問題視しているのです。「日本は素晴らしいから観光に行きましょう」という自然発生的現象ではないからです。意図的に中国人や韓国人を日本に来させようとしているのです。誰がそういうふうにしたのかといえば、主に、親中・親韓派議員です。彼らが音頭《おんど》をとってきたのです。

中国人も韓国人もしたたかですから、「それほど来て欲しいのであれば、観光地の表示を中国語とハングル併記にしろ」という条件を出してきた。だから中国語とハングルが日本国内に氾濫してしまったのです。日本の瀟洒《しょうしゃ》な温泉宿の表示を、どうして中国語とハングルで書く（併記する）必要があるのでしょうか。田舎のＪＲの駅にまで中国語とハングルが乱立している光景には、醜さを感じます。

◉「平成の鎖国」で強靭な日本を作る

「観光」とは文字通り「光を観る」ということです。日本で「爆買い」することは必ずしも観光ではありません。持ちきれないほどの「made in Japan」の商品を買って帰ることは決して観光ではないのです。それはただの「買い出し」です。私は、中国人などの外国人観光客には「日本の光」を観に来ていただきたいと思います。

はっきり申し上げますが、私は「観光立国」には反対です。それは〝外国依存〟だからです。中国人でも韓国人でも、アメリカ人でもEUの人でもいいのですが、そういう外国人観光客をあてにして設備投資を積極的にしたら、日本は将来大変なことになります。彼らはやがて来なくなるからです。

私たち日本人だって、景気が悪くなり懐具合がすずしくなれば、「海外旅行しようかな」なんて考えません。ですから、観光立国は「不安定な外国依存」なのです。絶対にやるべきではありません。

私は、むしろ今は「平成の鎖国」を推進すべきだと思っています。

鎖国といっても、江戸時代の鎖国のようにするわけではありません。余分な海外依存はやめる方向に舵をとったほうがいい。余分な海外依存を削《そ》いでいき、本来の強くて強靱な日本社会を作ることを提案したいのです。

なぜ外国に依存してはいけないのかというと、私たちのとるべき道が「外国の意向で左右されてしまう」からです。だからできるだけそういう事態にならないよう、外国に依存するのをやめるようにしましょうと言っているのです。

◉「国債」を買うことは「国防」になる

かつて日本は「輸出立国」と言われました。確かに昭和30年代から日本は奇跡の復興を遂げてきました。高度経済の波に乗りそんな奇跡的な復興を遂げたのは、すべて日本の輸出産業のおかげでした。

しかし当時は、輸出が日本の社会を牽引しているというので、あちこちから叩かれたものです。「内需志向になれ」ということで、有名な「前川レポート（国際協調のための経済構造調整研究会報告書）１９８６年」というものまで出ました。だから、内需志向のかけ声は１９８６年から行われていた。おかげで日本は今、内需志向の国になったのですが、内需志向になったら今度は「外需志向になれ」と言うのです。

日本はすでにＧＤＰの85％は内需ですから、かつて外国から言われた通り健全な内需志向国になりました。お隣の韓国はＧＤＰの50％が外需依存です。だから中国が経済減速したら、すぐに韓国経済も悪くなりました。

このように、日本が外需に依存していないということは、日本の安全保障のためにも非常に重要なことなのです。

日本の「国債」も同じです。「日本は借金で危険だ！　これ以上の国債発行は危険だ」

とよく言われます。「日本は1000兆円も借金をしている。これではやっていけない、だから税金を上げるべきだ」とも言われます。でも、国債の90％近くは日本人が持っていますから、本来は何の問題ありません。

日本の国債は世界で最も安全です。だから今でも売れているのです。外国の投資家が日本の国債を買いたがっているのですが、日本はそうは簡単には売りません。売らないように頑張っています。このまま頑張り続けて欲しいと思います。日本の国債の多くを、例えば30％くらいを外資に握られたら、日本はギリシャの二の舞になってしまいます。

今、「日本は国債の依存度が高い」「日本の借金は天文学的数字だ」という外国からの非難は、言い換えれば「自分たちにもっと日本国債を買わせろ」という意味なのです。「日本が借金を重ねていることは問題だから、日本のために考えてあげている」というような、そんなおめでたい話ではありません。

「日本を、外国から借金させる国にしたい」ということです。そういう意味では陰謀といってもいいと思います。そういう策略が働いているのです。

日本の国債は当面必要だと思いますが、私たち日本人がどんどん買えばいい。日本人が日本の国債を買う――。それは「国防」でもあるのです。

◉利権を求める外国人の余計なお世話

次に、「観光というものは、かたちを変えた移民である」ということをお話ししたいと思います。先ほど、私は人為的に中国人と韓国人の観光客を増やしたと言いましたが、韓国の場合は現在、日本に来るのにビザがいりません。ですから誰でも好きなときに飛行機に乗れば（船でもいいんですが）、韓国人は日本に来られるのです。現にそのままやって来て、どこかのコンビニで働いているという人もいるでしょう。

中国の場合はもっとあからさまです。中国から日本に来る場合、形式的にはビザが必要なのですが、抜け道がたくさんあります。当初は沖縄に行けばいい。日本政府は、「数年の間ならいくら本土に行ってもいい」というビザを発給しているのです。これは「マルチビザ」あるいは「数次ビザ」とも言います。そういうことを政治家が後追いでやっている。

もう少し詳しく言いましょう。日本の最初の訪問地が沖縄であれば、5年間有効なビザ（観光ビザ）をあげますというわけです。「2回目からは日本のどこへ行っても自由ですよ」ということです。事実上、これはノービザです。こういうことを日本政府はやっている。おかしいと思いませんか。

これは今の移民問題と裏腹な関係にあります。この問題を話すとき、いつも私はフランスの経済学者ジャック・アタリという人を反面教師としているのですが、彼がすでに2000年のはじめ頃にこう言っています。「日本人は1000万人の移民を受け入れる必要がある」と——。彼の本にそう書いてあります。

アメリカのCIAも予測しています。「2001年に、日本は毎年320万人移民を数年間に亘り受け入れる必要がある」と——。年に320万人を3年間受け入れたらそれだけで960万人になります。

イギリスに『エコノミスト』という経済誌がありますが、その『エコノミスト』も「日本は労働力人口の維持のためには毎年500万人の移民が必要だ」と書いています。余計なお世話です。どうして外国の人が日本のことをそんなに心配してくれるのでしょう。

彼らは心配しているわけではありません。彼らの利権になるからこういうことを主張しているのです。外国人が言うのだから正しいのだろうと、日本人はナイーブに信じがちですが、彼らの利権というところに気づかなければいけません。

日本の政治家も「1000万人移民導入」なんてことを主張し始めました。福田内閣のときには、勉強会まで作っていた。自民党のなかには「50年に亘って1000万人を受け入れる」などと言っている人もいるわけです。

◉「移民政策」は内側からの侵略手段

日本にはまだ1億2300万人が住んでいます。どうして移民を受け入れる必要があるのでしょうか。1億2300万人でも多いくらいです。日本列島の面積からいえば、8000万人くらいが適当な人数でしょう。

そういう適正人数などの議論は一切抜きにして、「GDPの数字を上げるためには労働者を入れなければいけない」と言う。単純で、子供じみた議論です。

魂胆はミエミエです。利権に結びついているのです。どういう利権か。おそらくこんなことになるのでしょう。

まず、そのうちに外国人受け入れ機構なんていうのができる。半官半民かもしれませんが、外国人受け入れ会社というのができる。あるいは既存の派遣会社に委託して、外国人を受け入れさせるということになるかもしれません。

ご存知の通り大手の派遣会社の会長さんが、内閣の民間議員になっているくらいですから。こういうことが今、私たちの目の前で堂々と行われています。これは「内側から日本を侵略する」ということです。

私たちは外側からの侵略の手はいろいろあると思っていますが、「侵略」はそれだけではありません。物理的にどこかの国が攻めてくるというのはあります。しかし、内側から日本を崩壊させるという手段もある。だから私たちは、この両方の侵略に対して注意していかなければならないのです。

移民政策というのは、日本社会を分断し、混乱させて内部から崩壊させる手段です。政治工作だと私は思っています。日本経済、日本の将来を心配しての政策ではないのです。

日本の労働者が少なくなるのであれば、その分の生産性を上げればいい。生産性を上げれば、既存の労働者の数で、より高い経済成長を達成することができます。こんなのは経済学のイロハですし、「学」とは言えない「常識」です。実際に労働者数が減少しているのですから、技術革新に力を入れればいいのです。

今、政府がやるべきことは、いかにして日本の生産性を上げるかを考えることです。そちらの勉強会をやったほうがよほど生産的ですし、そういう意味では生産的な議論です。

◉過去の失敗に学ぶ、「移民政策」と「利権の構造」

誤解のないように言っておきますが、私は特定の国の外国人労働者が悪いと言っているわけではありません。経済成長よりも経済の中身を良くすることのほうが重要だと思っていますが、百歩譲って経済成長が重要だとしても、それは「外国人を入れて達成することではない」と言いたいのです。

日本国民のための経済でなければいけない。外国人を入れて、彼らに低賃金で働いてもらって、それで経済成長を達成しようというのは愚の骨頂ですし、本末転倒です。

もしそうなったらどうなるか。私たち日本人の給料が下がるのです。これがグローバリズムです。これが新自由主義です。ヨーロッパの各国で失敗したことです。アメリカも事実上失敗しています。アメリカだって普通の労働者の賃金は下がっているわけですから。そういうことをなぜ今、日本がやる必要があるのでしょうか。

たとえ労働人口が減って、日本のGDPの成長率が鈍っても、あるいは平行線を辿ったとしても、あるいは少しぐらいマイナスになってもいいではないですか。GDPの数字というものは、私たちの経済状況には直接連動してはいない。関係ないのです。外国人労働者を入れれば一人当たりの所得が減る。残念ながら、それでは決して日本は豊かになりません。

私たちはすでにその失敗の歴史を見てきています。過去に日本はブラジルから日系関係の労働者を入れました。ほとんどの人はいい人だったと思いますが、残念ながら、そのなかには凶悪犯罪に走る人もいました。もちろんすべての外国人労働者が凶悪犯罪に走るわけではありませんが、例えば技能研修生で来日した中国人のなかにはいろいろな理由で凶悪犯罪に走った人がいました。

この技能研修生という制度も利権に絡んでできたものです。主として日本の中小企業が安い労働力を手に入れやすくするために、政府が特殊法人を作ったわけです。この特殊法人は官僚の天下り先です。ですから、「外国人労働者受け入れ機構」というものができれば、それは官僚の天下りの受け入れ先になる。そして、「どれだけ受け入れるか」という話になると、そのまた下請けの派遣会社の利権と絡むわけです。そこの献金と絡むわけです。

◉日本国内に〝別の国〟ができる――

今回は「観光」と「移民」について申し上げてきましたが、移民問題というのはこれ以上に深い悪疫をもたらします。それは、日本が「分裂社会」になるということです。移民の人たちは残念ながら移民先でなかなか同化してくれません。現在のＥＵをみればおわかりいただけるでしょう。

歴史を振り返ると、日本はもともと移民を受け入れてきた国です。紀元２、３世紀の頃からずっと受け入れてきています。私たちは学校の歴史の授業で帰化人のことを習いました。帰化した帰化人はどうなったかというと、皆「日本人」になった。つまり、私たちにはそういう帰化した外国人を日本人化する、土着化する力が備わっているのです。

今の日本人にもそういう力は備わっているとは思いますが、残念ながら最近のグローバリズムの横行のためにその力（同化力）は弱くなっているでしょう。そんなときに大量の移民がやって来ると、同化させることができません。そうするとやってきた彼、彼女たちは、日本社会のなかで孤立する。そうすると、同化できない移民たちは移民同士で国内国家を作ってしまうのです。

移民して来る人たちのなかにはイスラム教徒もいるでしょう。しかし、彼らは他宗教とは同化できません。同化できないので、イスラム教徒同士が集まって、彼らのコミュニティを作ってしまいます。ドイツでも実際に起こっていますが、社会が分断されてしまうのです。

日本はほぼ単一民族の国でした。移民は受け入れてきましたが、彼らは皆、日本人に同化しました。だから、純血ではないが、単一民族なのです。今でも基本的にはそうです。それが今、変わりつつあるのです。東京の一角には日本人が入れないような地区ができつつある。明らかに、国内に「別の国」ができています。

これはヨーロッパの崩壊の歴史を、ヨーロッパの分裂の歴史を日本が辿る兆候と言えるでしょう。

日本再発見
その九

【民族主義】

「トランプ現象」の日本への影響とは？

◉「大衆迎合主義」というラベリング

今回は「トランプ現象」というテーマでお話ししましょう。

アメリカでの大統領候補ドナルド・トランプ氏の人気について、「ヨーロッパにおける醜い民族主義のアメリカ版」などと評されることがあります。

「ヨーロッパで今台頭している醜い民族主義とアメリカのトランプ氏の主張は、どちらも大衆迎合的民主主義であり、同じものである」という主旨です。私もトランプ現象とヨーロッパで起きていることは底流で結びつくものであると思っています。

しかし、それは醜い民族主義でも不健全な大衆迎合的民主主義でもありません。むしろ健全だと思っています。

私はトランプ氏自身の言葉に現われている過激な側面を擁護しているわけではありません。また、トランプ氏を支持しているアメリカ人が不健全だと思っているわけでもありません。大量の移民受け入れに反対しているヨーロッパの人たちが醜い民族主義者であるともまったく思いません。

しかし、世界のメディア、あるいは知識人はたいてい「醜い民族主義者」というように見ているわけです。そうしなければ、彼らの「建前の嘘」がばれてしまうからです。

彼らはずっと「移民受け入れが良いことである」と言い続けてきました。さらに移民に異を唱えるのは大衆迎合主義だといって大衆を見下してきました。私たちはそういうメディア、またメディアに巣食う知識人の「きれいごと」に洗脳されてきたのです。

例えば「人権を守らなければならない」という言い方があります。こうした意見に対しては誰も反対できません。しかし、こういう「きれいごと」と、アメリカやヨーロッパの「現実」には大きな乖離があります。こうした乖離について内外の言論人はほとんど取り上げることがありません。だからこそトランプ氏の発言に支持が集まっているのです。

私はこの問題は世界的な「グローバリズム」と「ナショナリズム」の対立構図のなかにあると見ています。つまり、民主党のヒラリー・クリントン氏はじめ、トランプ氏以外の共和党候補者だった人たちはグローバリストなのです。彼らはアメリカの一般国民、特にプアーホワイト（白人の低所得者層）の声を吸い上げてはいません。

ヨーロッパも同じです。ＥＵという理想のために現実を無視してきました。現実社会で苦労している人々の声を、ＥＵの理想のもとに掻き消してきた。それに対する一般の人々の声の反映のひとつの例が、イギリスのＥＵ脱退です。

移民政策にＮＯを突き付けている人たちがすべて極右であるはずがありません。こういうラベリングが却ってEU、またアメリカの分裂を招く結果にもなっています。

私たちが注意しなければならないのは、「頭のなかで考えていることが、現場の現実とは乖離している」ということです。問題は「大衆迎合主義」というのがまったくのラベリングであるということです。大衆迎合的ということは、すでに価値判断が入ってしまっているということです。「迎合」という言葉も、「大衆」という言葉も〝上から目線〟になっているのです。

◉「アメリカ分断」に異議を唱えるトランプ支持者

また、「トランプ候補の言動はアメリカ国内の様々な社会階層における断裂をあえて拡大させているかのように印象付けている」とも言われます。

トランプ氏の言動はアメリカ社会を分断するというのですが、実際は逆です。すでにアメリカは分断されていて、それに対する批判がトランプ支持となって現れているのです。

マイノリティとマジョリティによる分断、あるいは1%の富豪とそれ以外の人々との分断、さらには白人と黒人の分断、いくらでもありますね。アメリカ社会は、第二次大戦後ずっと分断され続けてきたのです。これに対して異議を申し立てているのがトランプ氏とトランプ支持者なのです。

多くのメディアはトランプ支持者を一刀両断的に「プアーホワイト」のひと言で片づけていますが、決してそうではありません。アメリカ人のなかでも心ある人は、声に出さなくともトランプ氏の言葉に共感しています。それは今までのアメリカ大統領の多くが「アメリカを否定」してきたからです。

やや過激な言い方になりますが、彼らはアメリカの一般国民のことは考えていませんでした。代わりにアメリカの富豪による世界戦略を考えてきたのです。だからこそ大統領候補になれたのであり、当選することができたのです。

アメリカ国民は選挙によって人統領を選んでいると信じていますが、実は違います。民主党、共和党のどちらを選んでも結果は変わらないのです。それが今までの選挙だったのです。

◉トランプ大統領でも日本は困らない

私はトランプ氏の言動のすべてを肯定しているわけではありませんが、彼が体現しているのは「本来のアメリカのピープル」の意見だと思います。ピープルの意見は、今まで取り上げられることがありませんでした。それは「ピープルの意見が取り上げられると、アメリカが団結してしまう」ので困る人が出てくるからです。

逆説的ですが、アメリカ建国の精神を体現したピープルの意見を軽視、あるいは無視してきた結果、アメリカという国家は分断されてしまった。そのことを踏まえて大統領を選ぶ、それが今回の大統領選挙で問われていることなのです。

前述したように、ヒラリー氏は「グローバリスト」です。それに対してトランプ氏とサンダース氏は「孤立主義者」と言っていいでしょう。「孤立主義者」という言い方は日本ではマイナスのイメージでとらえられがちですが、「ピープルの利益を考えられる人」と定義するとわかりやすいかもしれません。

一般のピープルが「何を望んでいるのか」を考えているのがトランプ氏です。彼の過激発言自体は、修正されたほうがいい部分も多々あります。しかし、選挙運動で過激なことを言っていても、いざ政権を担うようになると穏健になるというか常識的な行動をとるという例を今までたくさん見てきましたので、私はトランプ氏が大統領になっても日本が困ることにはならないと思っています。

そして、トランプ氏が大統領になったほうが日本にとってはいいとさえ思っています。

彼だったら日本を「適切に」突き放してくれるでしょう。突き放されるということは、戦後70年を経過して、やっとアメリカから自立するチャンスを得られるということでもあります。主体的でないのが残念ですが、そこを的確にチャンスと捉えなければなりません。

未だにアメリカに守ってもらおうと思っている人がほとんどである日本では、大統領にはヒラリー氏になって欲しいと思っている人が多いでしょう。

7月の民主党全国大会で採択された綱領には「日米同盟を強化する」との一文が入っています。「日本への歴史的責任を果たす」とまで謳っていますが、その真意はこれからのヒラリー氏の対日態度を見ないと何とも判断できません。

いずれにしてもヒラリー氏が大統領になったら、日本はまた従来と同じように自立できない道を歩まざるを得なくなります。日本が本当に自立するためには、少なくともトランプ氏のような発想を持った人が大統領になったほうが望ましいのです。

なお、日本の自立が即核武装と結びつくわけではありません。日本が置かれている国際環境を十分考慮し、国防政策を取るべきです。日本がどうしても自立できない理由は「日米軍事同盟」に頼りすぎだからだと私は思っています。もちろん、日米軍事同盟は重要ですし、多くのメリットもあります。

しかし、それに安心し、頼り過ぎているというのが問題です。実は自民党だけでなく、共産党などの左翼の人々も日米軍事同盟に頼っています。左翼の人々は日本が攻撃されないと思っているのです。そういう前提で議論を進めています。おかしいですね、そんな保証はどこにもないのに……。

トランプ現象を機に、私たちは、「国家とは何か」「国民とは何か」という原点に立ち返って考えてみなければならないでしょう。本来は昭和27年（１９５２）、つまりアメリカ軍による占領が名実ともに終わったときにやらねばならなかったのです。しかし、今日までそれができなかった――。

ともかく私たちがいま考えなければならないのは、アメリカの大統領選挙は世界中で起きているグローバリズムとナショナリズムの戦いの一環であるということです。日本でもその戦いは行われています。自民党のなかにも、政府のなかにもその戦いはあります。

しかも残念なことに、グローバリズムが優勢なのです。その事実をまず知る、それからグローバリズムの持つ欺瞞を知る、これが本当の意味で安倍首相の言う「日本を取り戻す」ということに繋がるのです。

◉このままでは、日本は「移民の国」になる!?

トランプ候補は「独裁者であるプーチンとも組んでいる」とも言われます。ここにも巧みな洗脳がほどこされています。「プーチンは独裁者である」と、なんとなく印象操作されているわけですが、プーチンが独裁者だとしたら中国の習近平は超独裁者ではないでしょうか。

「トランプは大衆迎合主義者だ」――、そういう単純な見方が大勢を占めているのですが、これではアメリカやヨーロッパが直面している問題がわかるはずがありません。

つまり、今、日本に浸透している問題もわからないということです。日本が今どんな問題に直面しているのかを国民が知らなければ、いずれ日本は内部から崩壊していくと私は常々警告を発しています。国は外からの軍事攻撃を受ける以前に、内部から滅んでいくのです。

軍事侵略は最後のひと押しでしかありません。今ならこの流れを変えることができます。それは日本の国防力を強化するよりも先にやらねばならないことなのです。

何度も言うように、私たち国民自身が「精神の再武装」をすることです。今はそれが非常に脆弱《ぜいじゃく》になっています。私は、軍事予算はもっと増やすべきだと思いますし、将来、自衛隊は国防軍にすべきだとも思っています。しかし、そういう機運にならないのは、国民の精神が再武装していないからです。

言うまでもありませんが、再武装とは私たち自身がピストルをもって武装するという意味ではありません。「日本の伝統的な精神を取り戻す」ことです。国体や国柄に対する再認識のことです。それがまず必要であると私は考えています。

このままだと、「日本も移民を受け入れるべきだ」という話になります。いくらなんでもそんなことはないだろうと安心して見ている方もいると思いますが、日本のメディアの論調を未来に投影していくと、「移民を受け入れよう」という話に必ずなるでしょう。

それを食い止めるのは今なのです。トランプ現象から日本に対する教訓を感じ取り、私たちの精神の再武装に乗り出すことが肝要なのです。

日本再発見
その十

【分断工作】

日本社会を
「分断」させてはならない

◉「保育園落ちた、日本死ね」騒動

「保育園落ちた、日本死ね」というブログへの投稿が、瞬く間に日本全土を駆け巡ったことがありましたね。それを、おかしなことに国会議員が取り上げて質問しました。さらに、政府もあわててその対応に追われました。こういう子供じみたことをやっているのを見ると本当に情けなくなります。

日本の社会の倫理観がますます劣化しているというひとつの例でしょう。私だけでなく皆さんも同じ感想を持たれたのではないでしょうか。それほど政治も、社会も、道徳も、劣化してきているのです。

保育園問題についてはいろいろな観点からの議論がありますが、政府は行政的に対応を行っています。そうするより手段がないわけです。それより私が憂いているのは、こういう話を率先して取り上げる野党、そしてそれを報じるメディアです。

先のようなブログを取り上げ、あげつらう日本の政治家（左は共産党から右は自民党議員までおりますが）こそ「ポピュリスト（大衆迎合主義者）」なのです。彼ら自身はポピュリストであるとは思ってもいないでしょうが、それこそが知性が低下している証左でもあります。

保育園の問題は、根本的にはお母さん自身の個人の問題です。つまり、「育児を取るか、仕事を取るか」という個人の選択に端を発しているのです。育児よりも仕事を選んで、たまたまうまくいかなかった人が社会に責任を押し付けている、そういう構図なのです。

この問題を知ったときに私が同情したのは、保育園に落ちた人ではなく、本当は育児に専念したいのだけれど、やむにやまれず保育園に子供を預けて仕事に行かなければならないお母さんたちです。

「日本死ね」なんて投稿できるのは、よほど余裕があるからでしょう。なぜ余裕のある人の言葉は取り上げて、本当に困っている人の声は無視するのでしょう。本当に困っていたら、ブログに投稿しようなんて思わないでしょう。社会に責任転嫁することなく、自分の問題として黙々と対処している人がほとんどなのです。

ですから、この投稿は真面目に生きているお母さん方を誹謗中傷《ひぼうちゅうしょう》しているとも言えます。そういうことにすら気づかない国会議員がいる。これも、日本の倫理意識が低下している証拠だと思います。

今の日本には、子育てに専念したいけれど、生活のために働かなければならないというお母さんがたくさんいます。そういう人たちの悩みを吸い上げるのが政治の在り方だと思います。余裕のある人の、茶化したような投稿に踊らされる国会議員も、それからはしゃぎ回るメディアもどうかしています。

悲しいことに日本の社会がこのようにして徐々に「分断」されてきているのです。マジメに生きている人と、それを茶化してはしゃいでいる人に——。そういう嘆かわしい状況に今、日本があるということを、私は今回の騒動であらためて感じました。

◉社会はもともと不自由なもの

こうした出来事を機にして、私たちは「常識」を取り戻さなければなりません。普段の暮らしのなかで「不自由がない」ということはあり得ません。安心、安全で何不自由なく生活できる国なんて世界中どこを探してもありません。

「シリア難民」のことを考えてみてください。様々な政治的背景はあるにしても、シリアの人で保育園に行けないから「シリア死ね」なんて言ったらどうなるでしょう。本当に苦しんでいる人はそんなことは言いません。

繰り返しますが、そもそも社会なんて不自由なものです。そのなかで何を選んでいくのかが重要なのです。そして選んだからには、個々が責任を持たなければならないのです。自分の自由にならないことを他人のせいにする、今回のことでいえば国家の責任にする。国家にサービスをもっと要求する。こういうことを言う人が増えているというのは、実に嘆かわしいことです。

ひと昔であれば、そんなことは家庭でも学校でも教えていることでした。しかし今はそうではありません。家庭でも学校でも、もちろん社会でも教えてくれません。そこに私は危機を感じています。

先のブログを投稿された方はそういう躾《しつけ》を受けてこられなかったのでしょう。「自分の思い通りにならないのは他人のせいだ」と考えてしまうのが当たり前になっているのです。家庭でそう教えているのです。学校でもそう教えているのです。

◉「子供を産む、産まないは女性の自由」について

以前、関西のある校長先生が「子供を2人以上産むのが理想」みたいな趣旨の発言をして、学校を辞めざるを得なくなったことがありました。しかし、これは責任の取りすぎです。

発言自体は問題視する程のことではありません。しかし、「産む、産まないは、あな

た方の自由です。子供を産むだけが人生ではありません。皆さん、自分の人生を楽しみましょう」と言っておけば、学校を辞める必要はなかったわけですから、今の風潮のほうがおかしいと私は思います。

日教組が戦後やってきたツケが、今、現われています。いったい日教組の先生方は自分の娘や息子にどんな教育をしているのでしょう。ぜひ教えて欲しいものです。つまり、自分で実践していないことを他人に強要する無責任さがこれらの問題の根幹にあるのです。

「ジェンダーフリー」とか「リプロダクティブ・ヘルス・ライツ」などと言って、「子供を産む、産まないは女性の自由」と言う人たちもいますが、そういう人には自分がどのようにして生まれてきたのかをもう一度思い出して欲しいものです。

「子供を産む、産まないは女性の自由」と言えるのも、自分がこの世に誕生したから言えること。だから、この言葉は「自分自身の存在自体を否定している」ことにもなるのです。

フェミニストと言われる人たちの一部は、そんなことも考えずに無責任に発言しています。私はそんな人たちをはっきり言って軽蔑します。

自分が生まれているのに、他人に「子供を産む必要がない」なんてどうして言えるのでしょう。どう考えても不思議ですが、そういう考えを広めて来たのが戦後の教育です。「様々な不自由がある世の中で、どのように生きるか」ということを考え、実践することが人間として生まれてきた意義なのではないでしょうか。

◉マイノリティとマジョリティ

日本の社会が分断されているひとつの例として投稿ブログの問題を取り上げましたが、実はこれだけではありません。

「ヘイトスピーチ抑止法案」を自民党が作りました。このヘイトスピーチ抑止法案というのも日本の社会を分断するものです。

例えば、マイノリティを否定するとヘイトスピーチなる。しかし、マイノリティがマジョリティを否定してもヘイトスピーチにはならないのです。つまりこれは、日本社会をマイノリティとマジョリティに分断する工作なのです。人道主義でも人権主義でありません。「社会を分断するための政治工作」なのです。

こういうことを推進している人たちはたくさんいます。「人権擁護法案」もそうです。幸い民主党政権時代にこの法案は潰れましたが、いつ蘇るかわかりません。人権擁護法案とはマイノリティの人権だけを守ろうという話です。マイノリティは守ってもマジョリティの人権は守らない。平等に反しているではないですか。そこに、マイノリティとマジョリティを分断しようという意図が透けてみえます。

また、これは日本国憲法が保障している「法の前の平等」に挑戦している法案です。この法案を提案したのが民主党（現・民進党）です。彼らは自分たちの党を何と言っていますか。立憲主義政党と言っているのです。「憲法に基づき憲法を護る」と言っているのですが、嘘が過ぎます。本当の立憲政党であるならば、「二度と人権擁護法案を提出しない」と党の綱領に書くべきです。こういうことが人道、人権主義の名のもとに、巧妙に行われている。それこそが、政治工作なのです。

何度も言うように、私は世界大戦はすでに始まっていると思っています。中東やヨーロッパだけの話ではなく、日本でもすでに始まっています。日本国内を分断するという工作から始まっているのです。

今、日本は内部崩壊の危機にあります。今は内部崩壊を画策している人たちと一般国民との戦争状態にあるわけです。しかし、彼らの意図を見抜きさえすれば、この戦争に私たちは勝つことができます。「人権」「人道」を謳った美しい言葉に騙されてはいけません。

そんな「美しい言葉」のひとつが、「男女共同参画」です。こんな日本語は本来ありません。一見すると反対する点がないような言葉を作って騙すというのが、日本に政治工作を仕掛けている者たちの常套手段《じょうとう》なのです。日本政府も官僚もあまり危険を意識せずに推進していますから、私たちはより注意深く見ていく必要があります。

こうした日本社会の分断というのは、今に始まったことではありません。これは一種の「マルクス主義」なのです。「変種マルクス主義」と言ってもいいかもしれませんが、今までの共産主義革命は暴力革命だったのですが今は違います。戦後、特に冷戦終了後に顕著になったのは、体制のなかに入って、その指導的な文化を内部から壊していくやり方です。

アメリカでは「東西冷戦」の時代（特に「ベトナム戦争」の時期）に始まりました。ヘルベルト・マルクーゼをはじめフランクフルト学派と呼ばれる人たちは、とにかく既存の秩序を批判し、「破壊しろ！」と言っています。その後のことはどうでもいい、ただ破壊しろと言うのです。

そういう洗脳工作は、戦後から現在までずっとあったのです。先ほどの「子供を産まなくてもいい」というのもそのひとつです。

しかも、それが工作であると気づけないように私たちは教育されてきている。何をやってもいい、それは個人の権利であるという教育を受けてきているのです。

◉若者よ、老獪な大人たちに騙されてはいけない

「子供を産む、産まないのは女性の自由」という意見は、本当に子供が欲しくても産むことができない女性の気持ちを無視していることに、彼らは気づいていません。デリカシーのかけらもありませんね。そんなことにも気づかない人たちが、弱者の味方だとはとても思えません。

こうしたじわりじわりと進む政治工作の進行に気づくことで、彼らの嘘を暴くことができるのです。今まで、私たちは「気づくことがいかに重要なことか」ということすら気づかずにいました。これはメディアによる情報操作があったからですが、今は違ってきました。インターネットの普及によって既存メディアの情報独占が崩れました。日教組的発想、左翼の言論界独占も崩れました。

ここでは「気づく」ということが、いかに大きな力であるかをあらためて強調しておきたいと思います。

平成28年3月29日に安保法制が施行されましたが、その日、国会周辺で若者たちがデモに参加しました。はっきり申し上げますが、高校生や大学生の年ごろというのは〝未熟〟です。私が学生であったときも、もちろん未熟でした。20歳そこそこで、世の中のことを完全に理解するのは無理な話です。未熟だからこそ、若者は勉強するのです。

その大切な勉学の時期に、街頭でがなり立て、大人たちに踊らされているという自覚のない様《さま》はまさに未熟の極みだと思います。若い人の言論を封殺するつもりは毛頭ありません。しかし、老獪《ろうかい》な大人に騙されている若者を見るのはとても悲しいことです。

私自身、この歳になってやっといろいろなことがわかるようになりました。人生はずっとずっと勉強していかなければわからないことだらけなのです。だから、政治家や活動家が未熟な学生たちを利用しているのは、非常に無責任であると私は思います。

日本再発見
その十一

【グローバリズム】

「グローバリズム」という甘い罠

◉「神武天皇2600年式年祭」と「先祖供養」

最近、学者や専門家ではない方々による「歴史の勉強会」が盛んに行われるようになりました。それらは日本の歴史を勉強し直すという活動なのですが、歴史全般ではなく『古事記』に絞って勉強会を行うことも多いようです。

手軽に読める日本史や世界史の本も数多く出版されるようになりました。これらのなかには歴史学者ではない方が書かれたものもたくさんありますが、とてもよいことだと私は思います。

しかし、なぜ今「歴史ブーム」なのでしょうか。特になぜ『古事記』の勉強会が盛んになってきているのでしょう。今回はその背景からお話ししていくことにします。

今年（平成28年）の春に行われた「神武天皇の2600年式年祭」に天皇皇后両陛下がご拝礼されました。この式年祭というのは100年ごと、節目の年に行われる祭儀です。両陛下は2600年目の節目に初代天皇である神武天皇稜にお参りになられたということです。

この祭儀について、ある新聞は「御霊を慰める式典」と書いていました。この言い方は間違いとは言いませんが、必ずしも正確ではありません。前述したように、「御霊を慰める」という意味ではなく、「御霊に感謝を捧げる」というのが正確なところではないでしょうか。

これは日本という国家を開かれた神武天皇に対して感謝の気持ちを捧げるということであって、慰めているわけではありません。そして、慰めるというのは唯物論的な言い方なのです。

亡くなられたことを慰めるのではなく、「日本国を建国した偉業に対して感謝を捧げる」ということが式年祭の本質と言えます。この気持ちこそが、日本の国体を象徴しているのだと思います。つまり、先祖に対して〝感謝する〟ということです。

なぜいま歴史ブームなのか。

なかでも『古事記』の研究が盛んなのはなぜか。

それは日本人が、私たちの先祖についてもっとよく知りたいと思っているからでしょう。そして知れば知るほど、より感謝の気持ちが私たちのなかから湧いてくるのだと思います。

一種の「先祖供養」になるのかと思いますが、そんな先祖を大切にするという気持ちが日本を日本足らしめているひとつの大きな特徴であると、私は「神武天皇の２６００

年式年祭」を見てあらためて思いました。この特徴が2000年、3000年前からずっと繋がっていた歴史の縦の糸になるのです。

したがって、祖先に対して想いを向けるということを怠るようになると、日本は崩壊しかねません。「そんなことはない」と戦後教育を受けた多くの人は言うかもしれませんが、決してそうではありません。

もし昭和20年の敗戦を機に先祖との絆を断ち切られていたならば、今日の繁栄も豊かな日本文化の継続もなかっただろうと思います。祖先との繋がりというものがあったからこそ、日本は現在も繁栄し続けていると、私は思います。

ところが戦後の教育は、残念ながらこうした縦の繋がりを意識してきませんでした。それればかりか、その繋がりを断ち切ろうとさえしているのです。

◉「天孫降臨」に見る、日本人の世界観

私自身は戦前を知りませんが、戦前の「修身」の教科書を読んでみると、現在との断絶に愕然《がくぜん》たる思いを抱きます。

昨今、日本でも親が子を虐待するというのも珍しいことではなくなりました。どうし

てこのようなことが起きるのかを考えますと、やはりその大きな原因は、戦後の教育を含めて、祖先との有機的な関係というものに心を配らなくなったからではないでしょうか。御霊に対して供養する、感謝するという発想は、「この世だけでなく、あの世も存在する」というのが前提にあるのです。

しかし、戦後の唯物論的な教育では、「世の中は、この世しか存在しない」ということになっています。私たちが歴史や祖先の様々な行事を学ぶということは、意識しようがしまいが「この世だけがすべてではない」ということに繋がるのです。こうした気持ちを持つことは、私たちの生き方そのものに関わることでもあります。

私たちの人生がこの世だけであるとするならば、荒んだ「弱肉強食」の社会になってしまうでしょう。幸い日本はまだそこまでには至っていません。意識するしないにかかわらず、「この世だけでなく、あの世も存在している」と、私たちはDNA的に感じているからだと思います。

『古事記』には天孫降臨の神話があります。天孫の邇邇藝命が高天原から、日向国《ひゅうがのこく》の高千穂峰へ天降《あまくだ》ってこられた話ですが、この天孫降臨の意味を考えると、この世だけでなくあの世も存在すると感じられるのではないでしょうか。こうした感覚は日本独特の世界観に根付いているのだと思います。

天照大御神の孫にあたる邇邇藝命が、若干のお供を連れて日本列島に降りてこられた。これは高天原という〝霊的世界〟から、日本国土という〝物質世界〟に降りてこられたということを意味しています。

しかし、邇邇藝命は自分の妻になる人を連れてこられませんでした。地上の神の娘と結婚されたのです。このことは非常に大きな意味を持っています。つまり、高天原と地上を繋ぐブリッジ（架け橋）というか、共存がそこで行われた。物質世界での生き方と霊的な生き方とのバランスをとるということです。このことこそが、天孫降臨の逸話が今日に伝えている大きな意味だと思っています。

今、世界で問われていることも、このバランスなのです。

次に、問題提起する「市場万能主義」は物質的世界の生き方そのものでしょう。

◉トランプ氏は果たして「妖怪」か？

「市場万能主義は反省しなければならない」という動きが、徐々に世界に広がってきています。日本にもその動きはありますが、トランプ旋風を巻き起こしたアメリカ大統領予備選挙もこうした反省行動の一環であろうと思うのです。

極端な暴言をまき散らすトランプ氏が依然として根強い人気を誇っている理由は、メディアの報道だけではわかりません。

産経新聞「正論」欄（平成28年4月8日）に、歴史学者の中西輝政さんが「妖怪を生んだ米国の戦略的過ち」という論文を書いておられます。これは僭越《せんえつ》な言い方になりますが、昨今のトランプ現象の解説のなかでは面白い分析をされている論文だと思いました。

ただ残念なのは、中西先生もトランプ氏を「妖怪」とたとえていることです。論文には「3つの妖怪が世界を徘徊している」とあります。1番目はイスラム過激派によるテロ、2番目が大量破壊兵器、そして3番目がトランプ旋風であると書かれています。

そして最後には、「結局この3つの根はひとつであり、それは1991年の湾岸戦争にある」と分析をしておられます。イスラム過激派テロと大量破壊兵器の拡散が妖怪なのはわかるとしても、これらを生んだアメリカの国際干渉政策に反対して現れたのがトランプ氏であるので、「孤立主義」を唱える彼が妖怪であるというのは素直に受け取れません。それどころか、「トランプ氏は妖怪ではない」というのが、私の正直な感想です。

「トランプ旋風は決して妖怪の出現ではない、むしろ21世紀の妖怪を退治しようとしている」――そのように私の目には映るのです。

◉21世紀の妖怪「グローバリズム」への反旗

21世紀の妖怪とは「グローバリズム」のことです。3つも4つも妖怪がいるわけではなく、これひとつだけです。そのグローバリズムに反対しているのがトランプ氏なのです。

グローバリズムとは「1％がすべてを取ってしまう」という発想です。20世紀の妖怪は「共産主義」でした。グローバリズムと共産主義は、ともに「一握りのエリートによる独裁主義」という点で根はひとつです。1％の富裕層のためのグローバリズムなのです。

したがって、99％の気持ちを代弁しているのがトランプ氏であると私は理解しております。もちろん99％に属する有権者全員がトランプ氏を支持しているわけではありません。中西先生は先の論文のなかでトランプ氏もサンダース氏も「孤立主義者」であるとおっしゃっていますが、これはその通りで、この2人は「反グローバリスト」と言えます。だからこそ、アメリカのメディアはこぞって〝トランプ降ろし〟をしているのです。どのメディアも公正中立を標榜しながら、不誠実な政治的報道に走る。それはアメリカのメディアが、グローバリストの集まりだからです。アメリカのメディアにとって、グローバリズムを否定するトランプ氏は大変危険に見えるのです。

トランプ氏が晴れてアメリカ大統領になるかどうかは、「キングメーカー」との水面下でのディール（取引）が成立するかどうかにかかっているでしょう。キングメーカーとは、ご承知の通りウォールストリートを中心とする1％の富裕層のことです。

今から100年ほど前、1912年のアメリカ大統領選挙は今回と同様の状況でした。そのとき、当時のキングメーカーたちはウッドロウ・ウィルソンを勝たせたかったのですが、当時大統領で再選を目指していたウィリアム・タフトの人気は絶大でした。そこでキングメーカーたちは前大統領であるセオドア・ルーズベルトを担ぎ出しました。これによって共和党が分裂し、漁夫の利を得たウィルソンが勝利したのです。これについては、私の著書『アメリカの社会主義者が日米戦争を仕組んだ』（ＫＫベストセラーズ）に詳しく書いてありますので興味のある方は参照してみてください。

現在もアメリカ大統領選挙の仕組みは変わっていません。最終的に大統領候補を決めるのは有権者ではなく、キングメーカーによって決められます。トランプ氏の運命もこうした人たちに握られているのです。

◉「物質世界」と「精神世界」のバランスを

トランプ氏の問題と神武天皇の２６００年式年祭がどのように関連しているのか。それは、私たちの歴史観や生き方はグローバリズムとは相容れないということなのです。日本が直面している最大の問題であるグローバリズムとは、簡単に言えば国境をなくすという思想です。今、ＥＵ各国に大変な数の移民が押し寄せていますが、これもグローバリズムの一環と言えます。ところが、ＥＵのメディアもアメリカのメディアも移民受け入れを支持していて、移民に反対する人たちは〝極右〟のレッテルを貼られています。しかし、これはおかしい。

今のアメリカは19世紀の終わりから始まった大量の移民流入によって、完全に多民族化されてしまいました。トランプ氏はアメリカ社会を分断するような発言はしていません。逆に、多民族化により分断されてしまったアメリカの社会を、もう一度団結させようとしているのです。

そして今、まさに分断されようとしているのがＥＵです。ですからＥＵではテロが頻発しています。これに対して、イギリスは国民投票で「ＥＵ離脱」を決めました。フランス、ドイツ、オランダ、オーストリアなどでは「反移民」を掲げる政党が躍進しています。このように、ＥＵ内では「ナショナリズム」が勃興しているのです。こうした動きは複雑なのでひと言で言うのはむずかしいのですが、あえて言うと、「古来、連綿と受け継がれてきた物質的生活と精神的生活のバランスをとることが、世界的な規模で問われている」ということになるのではないでしょうか。

日本の伝統的生き方である「物質世界と精神世界のバランスをとる」という考えが、グローバリズムが圧倒的な勢力である世界のなかで、あらためて見直されているのではないかと思います。

アメリカでトランプ現象が起きたことも、こうした日本的生き方に対する「友軍」であると私は思っています。

＊

最初の話に戻りますが、歴史ブームや研究、『古事記』を学びたいという一般の人の想いも、こうした世界の動きと関連しているのでしょう。そこに目に見えるかたちでの明確な繋がりを見出すことはむずかしいかもしれませんが、根底において共鳴するものがあるのではないかと感じています。

日本再発見
その十二

【自然との共存】

「熊本地震」から考える、日本人の自然観

◉連綿と受け継がれる自然信仰

平成28年4月14日、熊本で大地震（「熊本地震」）が発生しました。この震災における被災者の方たちの対応や行動は、5年前の「東日本大震災」を思い起こさせるものがありました。

そして、私たち日本人の自然に対するものの見方や人間観が、災害時の被災者の対応に現れているように思えたのです。

東日本大震災のときもそうでしたが、熊本大地震も被災者の方々がこのような厳しい状況下におかれたにもかかわらず、落ち着いて冷静な行動をされました。また、避難所においては厳しい生活環境にもかかわらず、大きな混乱もなかったということが、今回もまた世界のメディアの賞賛を浴びました。

こうした日本人の冷静沈着な行動はどこからくるものなのでしょう。少し理屈っぽい言い方をすると、私たち日本人が何となく身につけている「自然観」、つまり「自然に対する感じ方」が影響しているのではないか思うのです。私たちにとって、自然環境や自然現象というものは、私たちと別種のもの、ではないのです。

『古事記』以来の伝統を紐解いてみますと、「自然も自然現象も神々によって産み出されたものである」という考えが、一種の信仰として現代に受け継がれているのだと思います。

別の言い方をすれば、自然にも神々が宿っているということです。例えば、ビルや家屋を建築する際に「地鎮祭」を行うというのも、そうした思想の現れでしょう。「自然も現象も、すべては神々によって生み出されたものである」ということ。それは私たちの自然に対する見方にも決定的な影響を及ぼしています。

つまり、私たち日本人（人間）も自然も「神の子供」であるという意味において同胞であるということです。私たちは、日頃から自然と同胞であると認識して生活しているわけではありませんが、大地震のような災害に遭ったときには、行動としてその考えが自然と現れてくるのではないかと思います。

◉人間と自然は同胞である

「人間と自然が同胞である」というのは他国とは大きく違う考え方かもしれません。少なくとも、一神教国の自然観とは一八〇度違います。一神教の考え方では、「人間も自然環境も創造神が創った」ということになっています。そして、それはあくまでも人間、のために神が自然を創ってくれたというのです。そこから、「自然は人間のために自由に活用できるもの」という発想が出てきます。

今、多くの国で環境を顧《かえり》みない乱開発が行われています。お隣の大国もそうですが、あのような環境汚染を平気でできるというのは、あの国の人々の自然観が日本人とは違っているからでしょう。繰り返しますが、彼らの発想では「人間は自然をどう利用してもよい」となるのです。

しかし、私たち日本人は自然の恵みを得て生きています。『古事記』や『日本書紀』など古い神話を勉強するまでもなく、私たちが「自然に生かされている」というのは、日本人なら誰でも直感的にわかることです。自然も人間以外の生物も同胞であるというのが日本古来の発想です。言い換えれば、自然と人間の間には「和」が存在していて、この「和」を崩さないことが共存するということなのだと思います。

しかし、自然は時として猛威を振るいます。それにもかかわらず、私たちは自然を恨むということは、私の承知する限りなかったと思います。日本人は、自然は時に荒れ狂うものであるということも含めて、同胞であり、自然に生かされているという感謝の気持ちを持っているのではないでしょうか。今回のような大震災が起きた際に、そうした考えが自然と現われてくるのだと思います。

被災者の方々に、「自然はけしからん」という声はありませんでした。「仕方がない」という感想がほとんどだったと思います。私たち日本人は、自然の驚異を前にした場合、「仕方がない」という発想になる。この点が一神教の自然に対する考え方と真逆なのです。

一神教においてはこうした場合、「自然をコントロールしよう」という発想になります。それは「人間のためには自然をどう扱ってもいい」という考え方が根本にあるからです。

日本でもそうした考えがまったくないとは言いません。特に戦後の日本は、自分の利便性のために多くの自然を犠牲にしてきましたから——。

◉「大和心の雄々しさ」が現れるとき

繰り返しになりますが、自然というものは私たちと対立するものではなく、共存するものであり、私たちを生かす同胞です。

私たちのDNAにはこうした考え方が刻み込まれているのだと、被災者の方々の冷静沈着な様子、厳しい状況下でも他人に迷惑をかけないという姿勢を見ていて強く思いました。

たとえ救援物資がなかなか届かなかったとしても、誰もなじったり恨み事を言ったりはしませんでした。こうした困難な状況におかれたときに、私たち日本人の真価が現れるのだと思います。

大げさな言い方になりますが、今回も、これまでも、災害に見舞われたときの行動、言動は、日本人が３０００年かけて培ってきた高天原の大御心を無意識的に伝えているという気がいたします。私たちの心のなかには、こうした神性が宿っているということなのではないでしょうか。

◉与えられるだけでは光栄を得られない

産経新聞のオピニオン欄（平成28年４月20日）に曽野綾子さんが「サバイバル力の回復を」という一文を寄せられました。そこで、被災された方々について述べられています。曽野綾子さんの文章は深いものがありますので、一読しただけでは裏の意味まで読み取れないかもしれません。

「サバイバル力の回復を」という文章の後半には、「健康な成人や老人たちが、座して食物の配布を待つ光景はあまりにも情けない。被災時には、被災者といえども何らかの任務を与えられて働く光栄を分け与えられるべきなのである」とあります。

ここだけを読みますと、曾野さんは冷た過ぎるではないか、被災しているのにそんな余裕があるはずがない、という反応が出てくることが予想されます。

しかし、曾野さんは、非常に重要なことを言っておられます。確かに家をなくした方や着の身着のままで逃げてこられた方は、茫然自失状態で避難所におられたかもしれません。それでも、曾野さんがあえてこのような発言をしたのは、曾野さん自身がカトリックであることも大きいのではないかと思いますが、それだけではありません。宗教的信条よりも、人間としての大切な基本について、曾野さんはおっしゃっているのだと思います。

つまり、私たちは「与えられるだけの立場にいるときは、本当の意味で生きていることにはならない」と、言外におっしゃっているのではないでしょうか。「人間というのはどのような厳しい環境にいても、他人のために役立つことができる存在である。それこそが人間の本質である」と指摘しているのだと思います。

人間は与えられる一方だと精神が病んでくることがあります。今回の被災者の方がそうであるとはもちろん言いません。被災から数日たち、少し落ち着いてからは、被災者の方々もなにかしらの仕事を見つけて働いておられます。しかしこうした人間の心理に触れる発言を聞きますと、私は戦後間もないころの、ガード下の靴磨きの少年の話を思い出します。

戦後の荒廃のなか、人々はいかに日々を生きるかで精いっぱいでした。子供も例外ではありません。あるとき、日系アメリカ人の兵士が、靴磨きをやっていた小さな子供にパンを1個与えました。しかし、少年はおなかを減らしていたにもかかわらず、パンを食べませんでした。理由を聞くと、家でお腹を減らした妹が待っているから、このパンは妹に持って帰ると言ったのだそうです。

つまり、この少年のように、人間はどんな苦しい環境にあっても自分を犠牲にしてでも他者の役に立とうとする。それこそが何千年も前から伝えられてきた日本の精神であろうと私は思うのです。

曾野さんが言いたかったのもそういう精神のことではないでしょうか。ただ物をもらうだけでなく、自分でも動くべきだということを強調されたのだと思います。それは震災があろうがなかろうが、与えられるだけの立場になってはいけないということです。

政治の世界では、なんでも与えれば選挙での票が獲得できると考えるようです。しかし、本当のことを言えば、社会保障にしても介護の問題にしても、人間はただ与えられるだけの存在になってしまっては生きる価値を失ってしまうのです。

それを政治の世界では言うことができません。こうした「建前」と「本音」のギャップが、少しずつ日本という国を蝕《むしば》んでいるのです。

◉メディアが煽った「戦後教育」の失敗

昨今の国会審議を見ていても、「もっと寄こせ」という話ばかりです。このままでは私たちが持っている人間の尊厳は徐々になくなってしまうことでしょう。

被災地で泥棒や置き引き被害が出ているという報道を見たコメンテーターが「けしからん」とおっしゃっていました。しかし、このコメンテーターはひとつ重要なことを忘れています。「けしからん」と言う前に、なぜそういう人間が出てきたのかを考えなければならないのです。

メディアはただ、「けしからん」と嘆いているだけです。でも、実はそこで嘆いているメディア自身がこのような人間を養成してきたのではないかという気がしてならないのです。

はっきり言えば、日教組による戦後教育の失敗がそういう人間を創ったのです。そして、そうした教育を煽ってきたのがメディアです。被災地で空き家を漁る人たちを口汚くののしる前に、メディア自身がそうした人たちを育ててきたことの反省をすべきなのです。

しかし、自主的に反省するメディアであったならば、今のような酷い状況にはならなかったでしょう。残念なことに、今は目を覆いたくなるような犯罪が増えてきています。それは根本的には「教育が悪かった」ということに尽きると思います。

さらに、その教育は一定のイデオロギーのもとに行われています。それが、「貰うことだけを主張する人間」を育ててきたのです。

日本再発見
その十三

【歴史観】

「主権回復」の日に思うこと

◉「東京裁判史観」から脱却せよ

ます。

「主権回復記念日」はあまりなじみがないかもしれませんが、4月28日がその日にあたります。

4月29日が「昭和の日」となり、次いで4月28日がもし祝日になれば、ゴールデンウィークはさらに充実したものになるでしょう。ただ休日を増やすためでなくとも、28日は本来ならば「主権回復の日」という休日にすべきです。それだけの価値のある日だと思います。

昭和27年の4月28日は日本が戦後、サンフランシスコ講和条約を結んで、占領が正式（法的）に終わった日です。日本が国際社会に復帰した日です。だから主権回復した日ということになります。しかしサンフランシスコ講和条約が発効した日なのに、誰もその日が主権回復の日だとは思っていません。

産経新聞「正論」欄（平成28年4月25日）に、東京大学の小堀桂一郎先生が「主権回復記念の日に向けて」という論考を寄せていました。これは外務省に対する痛烈な批判でもあるのですが、この論考を中心にこれから少しお話したいと思います。

小堀先生が何に対して怒っておられるか。それは去年の「安倍談話」および「慰安婦合意」において現れた歴史観です。小堀先生は、それは〝東京裁判史観〟であると批判されています。つまり「安倍首相も含めて、政府はまったく東京裁判史観を抜け出していない」ということです

小堀先生は論考のなかで、政府にこの東京裁判史観の脱却を期待するのは無理だと指摘しています。なかでも重要なポイントを見ていきましょう。

「私たちの思念は以下の如くに動いてゆくより他ない。即ち我が日本国の歴史の名誉を守る使命は、遂に政府に托することはできないと判明した。期待を担って登場した現政権とても、所詮は敗戦＝占領利権亡者の最強の根城である外務省が操る木偶《でく》と化してしまっている。国家と国民の名誉を守るのは民間の志士・草莽《そうもう》の崛起《くっき》に依る他ない」

私もこの点についてはまったく同感です。以前の講義でも述べましたが、今の国際環境のなかで日本政府が歴史認識を改めるということは無理なのです。なぜなら、アメリカと軍事同盟を結んでいるからです。

これはアメリカの世界戦略と関係しています。したがって、その事実を無視して、「安倍首相は何もやってくれなかった」と言わんばかりの論評は、少し厳しすぎるかとも思います。

◉「日米軍事同盟」という足枷《あしかせ》

私はこの小堀先生の懸念は、まったく100%共有するのですが、総理大臣として、あるいは政治家としてできることには限度があるのだと思います。それを「限界」と感じるか、あるいは「限度ギリギリまで総理はよくやってくれている」と感じるかは、個人の印象の問題かもしれません。

しかし客観的に見れば、今の日本はあそこまでしかできないということです。なぜなら日本は真の独立国でないからです。私たちは国の運命を自由に決められると思いがちですが、そういうわけにはいきません。実に様々な条件に縛られているのです。

そうすると、「自分の国のことを本当に自由に決められる国というのは存在しない」というような議論にもなりかねませんが、その議論も正しいとは言えません。いずれにしても重要なのは「自国にとって最も枢要《すうよう》な問題を、自国の国益に沿って決めることができるかどうか」ということです。

それを現在の日本では決めることができません。誰が総理大臣になろうと関係ありません。それが今、日本の置かれている状況なのです。私は「日米軍事同盟を廃止しろ」と言っているのではありません。今、私たちにできることは何かをもっと真剣に考えようと言っているのです。

日米軍事同盟があっても、そのなかで日本の国益を少しでも高める、日本の国益を少しでも伸ばすための努力をすべきではないか。それこそが総理以下、外務省の役割であると思っているのです。

◉「日米安全保障条約」を守るだけの外交

私が外務省に勤めていた頃というのは、「東西冷戦時代」と「ソ連の崩壊後の時代」というように分かれていました。ですが、実は外交についてだけでいうと、東西冷戦時代というのは楽だったのです。

外務省のやることはひとつだけ。「日米安全保障条約」を守っていればよかった――。国会の答弁では、政府として日米安全保障条約をいかに弁護するか、いかに野党の追求をかわして政府を守るかということが外務省の最大の役割だったのです。

今考えてみれば、それはやむを得なかったのかもしれません。東西冷戦というなかにあって、日本はアメリカ陣営にいたわけです。一応、自由主義陣営にいて、日米安保条約があったわけですから。それは「日米安保条約を守る」、つまり「アメリカ陣営としての立場を守る」ということだった――。

ただ問題は、東西冷戦そのものではなく、そこにある一定の意思が働いていたということです。教科書的に言われているような自然発生的な必然によるものではなく、「人為的な何かがあって東西冷戦というものが作り上げられた」というのが、私の持論です。その意思が働いていた当時は、わが国の外交は、それさえ遵守していればいいという非常に楽なものだったのです。

逆に言えば、「本来の外交の厳しさというものを前線で経験する機会が日本の外交官にはほとんどなかった」ということにもなるわけです。日本の外交の力を発揮する必要がなかったということです。

私は決して日本の外交官が他国の外交官に比べて劣っているとは思いません。しかし、「外交の力を発揮する機会がほとんど奪われていた」ということは言えるでしょう。そう言ったからといって、別に外務省を擁護したり、今までの外務省の様々な上手くいかなかった外交を弁護するわけではありません。

つまり、日本の置かれていた状況というのは、いわば「半植民地」、そんな状況であったわけです。そういう状況に置かれた外務省や当時の外交を批判することは簡単です。しかし、あのときにもし本当に日本が「自主外交」「日本の国益に沿った外交」をやろうとしたら、必ずアメリカと衝突したでしょう。現にそれをやろうとした人たちは失脚しました。

外交だけではありませんが、政治の世界というのは、その与えられた状況のなかでどこまで国益のためにできるかという、そういう世界なのです。これは頭ではわかっていても、実際にはどこまでやるかの見極めがむずかしい。その見極めというものは、おそらく実際にそういう修羅場を経験してこないと、「外交の知恵」となって残っていかないのではないかという気がします。

そういうことで、東西冷戦時代は日本の外交にとっては楽な時代でしたが、今の日本の外交で、国際情勢や世界の実態とかけ離れた発想をしてしまう原因にもなっているかな、とも思っています。

◉今が〝真〟の自立をするチャンス！

本題に戻りましょう。今は「主権」というと、むしろ左翼用語として使われることが多いのですが、本来「主権」とは日本国民全体の用語であるべきです。

主権とは何か。これまで私たちは、本当に追い詰められたところで「主権」ということを考えたことがありませんでした。考える必要がなかったのです。

先ほども言いましたように、東西冷戦のなかでアメリカという大きな温室のなかで育っていったわけですから、その主権の問題というものを肌身に感じることはなかったのです。だからといって、今の国民一般に見られる心理状況を肯定するものではもちろんありません。

しかし今、その「温室」がいよいよなくなってきています。いよいよどころか、とっくになくなっているのではないでしょうか。それは東西冷戦が終わった段階でも、私たちはなんとなく「アメリカが守ってくれる」と思っていた——。その温室のような、アメリカのカバーというものがもうなくなっているのです。

日本政府も官僚も、そして私たち国民も気づかなければならなかったのです。けれど、何よりも政府と官僚が気づいていなかった。残念なことに、彼らは今でも気づいていません。

だからこそ、私たちは、私たち自身の足で立たなければなりません。たとえ日米同盟があってもそうしなければならないのです。

そういう状況に置かれているのだということを、それこそ腑に落として考えなければならない。自分の問題として肌身に感じなければならないのです。

◉日本人を救えない「日本」という国

昨年の安全保障法制の議論がまさしくそうでした。両足で立っていない人ばかりの議論でした。そんな議論をしていて、そこで政府を追及したと言っても、それが野党の役割であるとはまったく思えません。日本はいつまでたっても主権というものを皮膚感覚として腑に落とすことができないでいます。

これは決して野党だけの問題ではありません。今の与党も含めて、国会議員のなかで主権の本来の意味を実感している方がどれだけおられることか、非常に心許《こころもと》ない気持ちにならざるを得ません。

なかでも先の安保法制のなかでどうしてもできなかったことのひとつに、「海外にいる日本人を救えない」という問題があります。

例えば、隣国で何かことが起こり、邦人が孤立したときに、そこに救いに行けないのです。わが自衛隊の飛行機も艦船も行けないのです。行きたくとも今の法制のもとでは行くことができません。

今後は、経済混乱の結果、中国でおそらく邦人が非常に厳しい状況下に置かれることになるでしょう。そのとき、自衛隊の艦船は生命の危険にさらされた邦人を救いに行けないのです。これは主権国家ではありません。

日本の国防軍であるべき自衛隊が、これほどいろいろ法律的な手枷足枷《てかせあしかせ》をされているという状況で、日本を守りきることができるでしょうか。外国で生命の危険のある邦人を救いに行けないのに何を守れるというのでしょうか。これが一国の国防軍だとはとても思えません。たとえ自衛隊であったとしても、自衛に値しないでしょう。日本人を守れないのですから――。

◉自衛隊派遣と外務省の立場

「外務省はいわば戦後利得者の最たるものだ」と、先の論文で小堀先生は批判されていますが、確かにそうだと思います。戦後利得者と言うか、外務省がひとつの戦後の体制を良しとした最大の理由は、軍部に外交を牛耳られる必要がないということだったと思います。そのこと自体は悪いことではありません。

しかし、軍事を無視して外交はできないということもまた一端の真理です。このところの兼ね合いなのです。だから冷戦終了時の湾岸危機で、自衛隊を海外に派遣する際に、あくまで自衛隊の身分で行くことに反対したのは当時の外務省だったのです。

結局、政治決着で自衛隊の身分と外務省の身分を併存させることで派遣するということになったのですが、この足して二で割るような締結は、残念としか言いようがありません。しかし一方で、これで国際的に、軍人として派遣することが、（強弁すれば）可能になったわけです。つまり、戦前には軍部による外交、あるいは外務省に対する干渉がありましたが、それをもって、すべて軍が悪いという発想になるのは間違いであるということです。これは子供でもわかる議論だと思います。

もちろん安全保障問題について、外務省はあくまで武力に訴えない、戦争に訴えずに国益をどう確保するか、ということを考える役所でなければならないのは当然です。防衛省はその外交交渉が決裂して、最終的に軍事的な対立になったときに日本の国益をどう守るか、ということを考える役所です。ですから両方とも国家にとっては必要な存在なのです。

◉日本の内部崩壊を阻止せよ！

国はもちろん外敵の侵入によっても滅びますが、内部から崩壊することもあります。それは歴史が示しています。ですから、私たちは両方の備えが必要なのです。

したがってその両方の国防を担うということは、当然外務省もその両方の国防に関わるということです。もちろん外務省だけでは、日本の社会や国家が内部から崩壊するのを防ぐことはできません。それは他の各省庁の問題でもあるわけです。

ところが最近、その内部から徐々に侵略され、侵されているということが起こっています。これは、もはや戦争です。もう日本は戦争に巻き込まれているわけです。しかし、ほとんどの人はそういう意識を持っていません。それはなぜか。「主権意識」がないからです。

例えば、外国人労働者問題について、自民党の特命委員会が「外国人労働者、単純労働者を容認する」と言っているのを新聞で読み、大変驚きました。もうすでに戦争は始まっているのです。そういう意識を私たちは持たなければなりません。

戦争とは何も軍隊同士の戦いだけではありません。今、日本は内部から徐々に崩壊してきているのです。このことに気づかなければなりません。それに気づくのは、小堀先生がおっしゃったように、草莽である私たち一人ひとりなのです。

ですから私たちは、外敵防衛と同時に国内が崩壊しないようにしなければならないのです。私たち一人ひとりが「防人《さきもり》」でなければならない、「自衛隊員」でなければならない。一人ひとりが国を守るという意識を持たなければならないのです。

◉アメリカの「歴史修正主義者」が日本を変える!?

私たち自身が歴史認識を改める、そして正しい歴史認識を持つことはできます。トランプ旋風についてのアメリカの動きを先ほど述べましたが、実はアメリカでも今、歴史の見直しが行われています。何かというと、〝フランクリン・ルーズベルト大統領の再検証〟です。

今までアメリカは、フランクリン・ルーズベルトについてはアンタッチャブルでした。ルーズベルト批判をしてはいけないというような雰囲気がありました。アメリカの正統派歴史学者というのはそういう人たちです。つまり「フランクリン・ルーズベルトのやったことは正しい」という歴史認識です。

それ以外をアメリカでは「歴史修正主義」と言い、すべて非難してきました。その余波が日本に来て、例えば安倍首相が靖國神社に行くと、「アベは歴史修正主義者だ」ということになるわけです。

しかし、アメリカのなかで今、それこそ歴史修正主義者が出て来ています。それがいよいよ声を上げてきたという状況にあるのです。つまり、トランプ氏があれだけの支持を集めているのも、その歴史修正主義と通底しているということ、つまりアメリカ自身が今、大きく変わろうとしているのです。

本当に変われるかどうかはまだわかりません。今度の米大統領選挙が今後の4年間を決めますが、私たち日本人にも無縁ではないわけです。つまり私たちが本当に歴史を取り戻すことができるかどうかということは、アメリカがフランクリン・ルーズベルトの政策の見直しをこれから客観的に行うかどうか、それがアメリカで力を得ることになるかどうかにかかっているわけです。

アメリカは徐々にではありますがその方向に行きつつあると思います。そのひとつの証拠が後の章でも触れますが、ケリー国務長官とオバマ大統領の広島訪問です。それが「第一歩」なのです。

日本再発見
その十四

【日露関係】

「日露首脳会談」を考察する

◉北方領土交渉の新しいアプローチ方法

平成28年5月6日にソチで行われた「日露首脳会談」の結果を見て、注目するところが多々ありました。

プーチン大統領と安倍首相の首脳会談は3時間10分に亘って行われましたが、そのうちの35分は通訳のみを交えた二人きりの会談でした。その会談で安倍首相は、北方領土交渉について「アイスブレイキング（氷を溶かす＝緊張がとける）」と評されたようです。問題の打開というか、手ごたえを感じられたのだと思います。

私は日本の各種報道と外務省のホームページに出ている日露首脳会談の克明な報告書を読みました。外務省のホームページに出ているものは、官僚的な文章ですから、これを解読しなければなりません。そこから読み取れるポイントは「これまでの北方領土交渉とは違う新しい発想、新たなアプローチで北方領土交渉を進めていく」ことは両首脳が合意したということです。

この新たなアプローチとは何か。実は安倍首相とプーチン大統領以外は誰も知らないのです。もちろん通訳は知っているでしょうが、おそらくは箝口令《かんこうれい》が敷かれているはずです。また、新しいアプローチの〝中身〟をプーチン大統領ときちんと話し合って合意したかということについては、もちろん政府のトップも聞いているはずですが、口外することはないでしょう。

私たちが注意しなければならないのは、今後ガセネタも含めて様々な情報が漏れ出すということです。しかし、あまりそういうことにとらわれすぎてはいけないと思います。あえてディスインフォメーション（信用を失墜させるための虚偽情報）を流して攪乱するということもあるからです。

北方領土交渉については安倍首相とプーチン大統領しか知らないことなのです。他の誰が何を言おうと、それは必ずしも両首脳の意向を代弁しているものではないということです。

安倍首相がロシア側に、日本人の心情を害するような発言は控えるようにとの趣旨の発言をされたとも伝わってきています。いずれにせよ、それは「お互いに無駄な言論戦はやめるべき」という趣旨だと私は解釈しています。

例えば「二島（返還）」というアドバルーンを上げてみて、それで日本国民がどう反応するか、ロシア国民がどう反応するかを見る——、そういうことはもうやめようということです。

安倍首相は、この領土問題は「プーチン大統領と二人で解決する」ということを強調しておられます。ですから他の人は（外務大臣を含めてですが）もう口を挟まないということだと思います。

日本は必ずしもトップダウンの国ではありませんが、ロシアはトップダウンの国です。つまり、プーチン大統領が決めないと物事は決まらないわけです。例えば、ラブロフ外相が日本に対して厳しいことを言っても、それにいちいち反応する必要はありません。それはプーチン大統領の意向であるかどうかが不明だからです。

◉プーチン大統領の悲願――強いロシア経済への転換

日本のメディアは従来の日露関係や北方領土問題の見解からまだ踏み出すことができていません。「経済協力と領土の取引」だと未だに見ているわけです。

しかし今回、「新しいアプローチ」と安倍首相が言った以上は、それは単に〝領土〟と〝経済〟の取引ではないはずです。今までもそれに類することは行われてきましたが、今回はそうではない「新しいアプローチ」なのです。

そのアプローチは現段階では公表されておりませんから、それは何かということをこれから私なりに解釈してお話していきたいと思います。

今回の会談は、日露関係が前向きな方向で進められるという希望を持たせる内容であったと思っています。

プーチン大統領が今一番やりたいと思っていることは何か。おそらく、安倍首相はプーチン大統領のその悲願にピタッと合うような発言をされたのではないかというふうに想像しています。そこで初めてプーチン大統領は動いた、前向きに踏み出したのでしょう。

今ロシアにとって、プーチン大統領にとって一番重要なことは、ロシアを近代的なハイテク産業国家に転換することです。原油価格の下落で、ロシア経済は現在、大きな打撃を受けています。ロシア経済は、サウジアラビアに似ています。資源の輸出だけで生きている国、これはどう考えても世界の大国とは言えません。プーチン大統領はそれを十分に理解しているのです。

今までプーチン大統領はその資源外交、資源の力を武器にその国際的な地位を高め、発言力を強めてきました。しかし、それは天然資源の国際価格が下がれば今のように挫折してしまうわけです。

プーチン大統領の悲願は、天然資源の国際価格に左右されないロシア経済、そういう強靭性を持ったロシア経済に転換したいということです。

◉「欧米文化」と「伝統文化」の両立を目指すロシア

すでにエリツィン大統領のときにロシアはアメリカの外資を入れて、アメリカ資本と提携して急激な民営化を図って失敗しました。

そして「オリガルヒ」と呼ばれる新興財閥が出てきて、彼らが富を独占すると共に政治まで壟断《ろうだん》し始めたのです。そのときにプーチン大統領が就任してオリガルヒの政治介入をやめさせたわけです。どうしても最後までやめなかった「ユコス石油会社」の社長であったホドルコフスキーという石油王は、2003年に逮捕、投獄されてシベリア行きになりました。そこから米露の本当の意味での冷戦が始まり、今も基本的にはその延長線上にあるのです。

結局、欧米の外資を入れてロシア経済の近代化を図るという試みは失敗しました。そうすると、ロシアのハイテク産業化に協力できる国というのは日本しか残されていないのです。しかもそれは日本がハイテク国家であるということだけではありません。まだ日本のメディアもまったく取り上げていませんが、プーチン大統領は現在のグローバル市場化的な経済発展の仕方は拒否しているのです。そういったグローバル市場化とロシアの伝統的なやり方であるスラブ主義とをうまく融合することによって、ロシアのハイテク産業化を図りたい、この一点に尽きるのです。

この2つを融合して、あるいは有機的に統一できる知恵を持っている国はどこかというと当然日本しかない。そうすると、明治維新以来、苦労して今日の発展を成し遂げて来た日本の知恵、日本の経験がロシアの近代化に役立つということです。

日本の経験に学び、日本との経済協力を推進することによってロシアのハイテク産業化を達成したいということになるわけです。

ですから、実はカードは日本にあるのです。そのカードを、安倍首相は切ったのだと思います。それは単に「日本がハイテク産業化に協力します。だから北方領土を返しなさい」ということではありません。そんな単純なものではありません。

プーチン大統領に対して、「ロシアの安全保障にとってどちらがプラスになりますか」という「選択」を示したのではないか、と私は想像しています。

◉北方領土をとるか、安全保障を選ぶか

プーチン大統領の立場として、北方領土四島にしがみつくことがロシアの安全保障にとっていいことなのか。それとも、四島を返すことによって日本からロシアが最も必要

としているハイテク産業化への全面的な協力を得ることで、ロシア経済の強靱化を図ることがロシアの安全保障にとっていいことなのか――。要するに、ポイントは「安全保障」なのです。

これが重要なキーワードです。「領土」と「経済」の取引ではありません。ロシア人の「安全保障観」、あるいは「国家観」や「国家意識」――。そこから考えると、領土問題というのはひとえに安全保障の問題なのです。ですから、北方四島とロシアのハイテク産業化とどちらがロシアの安全保障に役立つかという選択になるのです。

プーチン大統領がどちらを選ぶかは明らかだと思います。おそらくプーチン大統領の選択は、ハイテク産業化になるでしょう。

というのは今、北方四島には戦略的価値がほとんどないからです。米露冷戦の時代には北方四島の戦略的価値はあったかもしれませんが、今はロシアの安全保障にとっては四島、特に国後《くなしり》、択捉《えとろふ》を保持しなければならないという切羽詰まった理由はありません。強いて挙げれば、国後、択捉海域でのロシア潜水艦の自由航行が確保されることでしょう。この点については、ロシアに配慮する必要はあるかもしれません。

だからプーチン大統領は最初から、日露関係全体のなかで引き分けに持っていく考えであったと私は思います。四島の帰属という観点から日露が引き分けに持っていこうとしたら、四島の返還はならないことは明らかです。

だから二人きりの会談でやらざるを得なかった。両国の外務省というのはやはり優秀ですから、理屈をこねていろいろ言ってきます。この会談では、日本の外務大臣はいませんでしたが、プーチン大統領はロシアのラブロフ外務大臣も外に出したそうです。そして二人きりで会談をしたのです。

ですから今後、安倍首相は機会をとらえては、何度もプーチン大統領と会うと思います。もうすでに今秋のウラジオストックでの会談は決まっていますが、最終的な結論が出るのはプーチン大統領の訪日、そのときだと思います。

プーチン大統領の訪日日程がなかなか決まらないのは、ひとつはアメリカの圧力もありますが、それだけではありません。その訪日は失敗させられないのです。単にプーチン大統領が来て、会談して終わりというわけにはいかないと両首脳は判断しているのでしょう。

その前にできるだけ両首脳の間で意思疎通を図り、最終的には訪日での北方領土解決、あるいはそこまでいかなくとも解決の大筋を明確に出す、という方向に行くのではないでしょうか。

実際の日露関係においても今年がターニングポイントになるはずです。その機は熟してきていると私は思います。

ところが残念なことに、日本のメディアの反応は芳しくありません。各新聞の社説を読み比べてみましたがどれもが酷かった。特に、産経新聞が一番酷かった。産経の社説は、一言でいえば「プーチンに騙されるな」ということでした。「信用できない」と――。

読売新聞は「この新アプローチで打開可能かどうか」と書いていて、依然として疑問を持っているのは明らかですが、極めて客観的に今回の会談を評価しています。そして、「依然としてアメリカやG7と協調することが重要だ」とも書いています。G7の協調を乱してはいけないと言っているのです。それはその通りでしょう。

しかし、日本のアプローチはアメリカに言われたからではなく、日本が自信をもって日露関係の改善を推し進めなければならないのです。

「ブレイクスルーすることこそが世界の安定化にも役立つのだ」と説得するというプロアクティブな、積極的な外交が必要になってきていると私は思います。

◉「日露関係強化」がもたらす世界の安定

　この会談のなかで特によかったと思うのは、日露関係（北方領土交渉）をグローバルな視点も考慮に入れて進めていくということに合意した点です。新しいアプローチが「新しい」所以《ゆえん》は、日露協力が「世界の安定のために貢献することができる」ということです。具体的にどういうことかと言いますと、ロシアがロシア的なハイテク産業国家になるということは、いわゆる新たな経済大国ができることでもあります。欧米以外の国にとって、21世紀の発展モデルを示すことになるのです。そういうグローバルな意味を持つわけです。

　今、「21世紀の発展モデルはどうあるべきか」と世界の多くの新興国は悩んでいます。しかし、日本はすでにそれを経験済みです。つまり欧米化、今でいえばグローバル市場化ですが、それと伝統的価値とをうまく両立させて発展してきたのです。次にロシアが成功すれば、その「ロシアモデル」というのが世界の新興国にとっての発展モデルになります。

　つまり、日露関係が強化され、ロシアが安定した大国になるということは、世界の安定化に貢献するということなのです。

前記したように、ロシア人の発想というのは日本人とよく似ています。きわめて「防衛的」なのです。プーチン大統領は領土拡張主義者だという人が少なくないのですが、そうではありません。はっきり言えば、あの広大な領土を持っているロシアには、これ以上の領土は必要ないわけです。当たり前ですね、そんなことは誰にでもわかることです。

ロシアにとって重要なのは、あの広大な国土を守る安全保障です。だからどういう安全保障が一番いいのかを考えているのです。

例えば、ウクライナの場合は、「安定したウクライナ」であるということがロシアの安全保障に貢献します。ロシアとしては、今の中央アジア諸国も含めて、国境を接する諸国が安定することを望んでいるのです。

ですから、このロシアモデルが成功すれば、例えば、ウズベキスタンならウズベキスタンの伝統を活かしつつ、世界の市場経済化という流れと両立させていくことができる。世界がすべてそうなっていけば世界は安定するでしょう。その可能性を開いたのが今回のソチでの日露首脳会談であったと思います。

日本再発見
その十五

【経済】

今なお続く、世界金融戦争

◉伊勢の神宮訪問がもたらすもの

今回の講義のテーマは「経済」です。

まずは記憶に新しい「伊勢志摩サミット」から検証してみましょう。

その幕開けは「伊勢の神宮」への参拝です。私は以前からぜひ実現していただきたいと思っていましたし、安倍首相も今サミットを伊勢志摩で行うと決められたときには、伊勢の神宮参拝の構想が入っていたのではないかと思っております。

これは単に伊勢の神宮に行くという、いわばひとつの観光スポットとして日本の伝統的な神社に参拝するというだけの話ではもちろんありません。

西行法師が伊勢の神宮に参拝したときに読んだとされている和歌があります。

何事のおはしますをば　しらねども　かたじけなさに　涙こぼるる

西行法師は、「とにかくわからないけれども、伊勢の神宮にお詣りするとありがたくて涙がこぼれてくる」と言っているのです。

私は、この西行法師が感じたものをG7の首脳の皆さんにも感じとって欲しいと願っていました。「クリスチャンにはわからないのではないか」と思われる人もいるかもしれませんが、私はそうではないと思います。

クリスチャンやイスラム教徒、ユダヤ教徒も含めて、宗教や宗派を超えた何かが伊勢の神宮にはあります。ですから参拝をするということは、なにも伊勢の神様に、天照大神に参拝するということではありません。伊勢の神宮への参拝は、何か人間を超えた霊的なもの、そういう大いなる存在に触れる機会なのです。

G7の首脳たちに、皮膚感覚で何かを感じてもらう。つまり、物質主義ではない何かを感じてもらうということです。それが伊勢志摩サミットの大きなポイントなのです。

伊勢の神宮の内宮を表敬した各国首脳が記帳した文章を読めば、この段階で伊勢志摩サミットが成功したことがわかります。

・幾世にもわたり、癒しと安寧《あんねい》をもたらしてきた神聖なこの地を訪れ……、世界中の人々が平和に、理解しあって共生できるよう祈る【オバマ大統領／アメリカ】

・日本の源であり、調和、尊重、そして平和という価値観をもたらす、精神の崇高なる

場所【オランド大統領／フランス】

・伊勢の神宮に象徴される日本国民の豊かな自然との密接な結びつきに深い敬意を表する【メルケル首相／ドイツ】

・平和と静謐《せいひつ》、美しい自然のこの地を訪れ、敬意を払うことを大変嬉しく思う【キャメロン首相（当時）／イギリス】

・このような歴史に満ち、示唆に富む場所で、……人間の尊厳を保ちながら、経済成長および社会正義のための諸条件をより力強く構築できることを祈念する【レンツィ首相／イタリア】

・伊勢の神宮の調和に、繁栄と平和の未来を創るという私たちの願いが映し出されますように【トルドー首相／カナダ】

これらのメッセージから窺えるキーワードは「平和」「調和」「自然」「共生」「静謐」

「精神性」などです。これらの言葉は、日本の伝統思想そのものです。

＊

今回の伊勢志摩サミットは「市場」対「国家」の戦いだったと思います。市場というものは、物質主義の権化です。その市場が今、「マネー至上主義」になっているわけです。市場がむしろ国家を飲み込むような状況になっています。

「ウクライナ危機」「シリアの内戦」「イラクでのテロ」「アフガニスタンでのテロ」、それから「中国の南シナ海埋め立て」「北朝鮮の核」など、世界の様々な場所で起こっている危機は、煎じ詰めれば「市場」対「国家」の戦いの現れです。

したがって、この伊勢志摩サミットは、G7の首脳たちが国民の生命、財産を守るのは国家であるということを再確認するものだったのです。

◉「財務相中央銀行総裁会議」の不思議

伊勢志摩サミットの前に、仙台で「G7財務相会議」が行われました。この詳細についてはここではお話ししませんが、あらためて皆さんの注意を喚起したいのは、この会議の名称は「先進7ヵ国財務相中央銀行総裁会議」だということです。

どうして「財務相会議」ではなくて、「財務相中央銀行総裁会議」なのでしょうか。このことについて日本のメディアは、まったく説明してくれません。もし中央銀行が財務相の傘下に、あるいはその支配下にあるのであれば、財務大臣だけの会合でいいわけです。ということはどういうことかと言えば、「中央銀行は財務相の傘下にない」ということをこれは示しているわけです。

ご存知の方もおられると思いますが、中央銀行は〝民間銀行〟です。ですから民間人と財務大臣（政府の代表者）が一緒になって金融問題について議論をしているわけです。金融問題の本質はこういうところにあるのです。

政府は金融問題について力を持っていないということです。これが、世界最大の欺瞞なのです。そして、日本の政治家も、経済人も、学者も、市場アナリストも、誰もこのことについて言及しません。それを国民の目から隠して嘘の議論を続けているのです。なぜこの会議に中央銀行総裁を入れるのでしょうか。

私たちの多くは、財務大臣と中央銀行総裁会議がセットになっているものと、なんとなく思わされています。だから、財務相と中央銀行がまったく違うラインにある存在だということがわかれば、今、日本も含めて世界の経済を覆っている問題が自ずと見えてくるのです。

◉「通貨発行権」を持っていない政府

産経新聞の田村秀男氏が書いておられる「日曜経済講座」（平成28年5月22日）に、こんなオピニオンが出ていました。田村氏は非常に優れた分析をされる方です。私自身、田村氏とはいろいろな会合で一緒になりますし、彼の発言を多とするものです。

しかし、田村氏でさえも本当のことは言えないようです。日曜経済講座で、彼は「中央銀行が資金を発行して政府が発行する国債を買い上げる一方で～」と書いています。ここにも秘密が隠されています。「中央銀行が資金を発行する」と書いていますが、これは「通貨を発行する」こと、つまり日本であれば「円を刷る」ということです。

しかし、ここで政府が発行するのは「国債」だと書いています。これがすべてなのです。今の経済の様々な問題の根底にはこれがあるのです。つまり、政府は「通貨発行権を持っていない」のです。

こういうことを経済学者は一言も言いません。皆、隠しています。そして、私たちはなんとなく「中央銀行は政府の銀行だ」と思っているわけです。

しかし田村氏もここにちゃんと書いています。

「金融というのは難解な金融用語と理論に彩られた複雑な装いが凝らされているが、本来、金、ゴールドの裏付けのない紙幣に頼っているだけにきわめて繊細だ」と——。

そういうふうに事実として述べられているわけです。我々は単なる〝紙〟に頼っている、だから微妙だと言っているわけです。

でも次に、「そこに権力者が辺り構わず露骨に政治介入すれば通貨の信用が失われる」とあります。これをどう読むか。金融というのは繊細な問題だから、政府や政治家はタッチしてはいけないということを言っているのです。

誤解のないよう断っておきますが、私は田村さんを批判する意図でこの問題を取り上げたのではありません。日本では９９・９９％はこのように言われるのです。日本の名だたる経済評論家の９９・９９％がこれなのです。だから私たちには金融の本質がわからないのです。

◉経済学者が答えられない〝金融の正体〟

「なぜ政府が通貨を発給してはいけないのか」——。そのことについての経済学者や評論家たちの意見をぜひ聞いてみたいものです。

私が、とあるところで一緒になった、非常に真面目で能力のある保守系の経済学者の方も「金融は違う」と言う。私との話のなかでも金融は民主主義的な統制に馴染まないと言って自説を決して曲げませんでした。おかしいですね。金融だけがどうしてそうなるのでしょうか。円やドルが、どうして民主主義的に統制を受けてはいけないのか。こういうことを誰も問題にしないのです。それは当然のこととして経済問題が議論されているのです。

政府が何かを実践しようとしたとき、お金が足りなかったら、増税するか、国債を発行する。しかし、それ以外に手立てがないというのはおかしいのです。

必要なお金は政府が発給すればいいではないですか。それがなぜいけないのでしょう。そのことを、経済学者や経済評論家に説明して欲しいのですが、彼らは決して説明しようとしません。

「そんなことすれば、政治家が好き勝手に自分のお金として使ってしまう」などと彼らは言うのですが、その論理がおかしいことはすぐわかります。

それでは金融以外なら政治家は何をやっていいのか。現に今、金融以外の経済政策、社会保障政策、治安、外交、教育、国防も政府がやっています。しかし、金融だけは政府がやってはいけないことになっている。それは誰が決めたのでしょうか。正面からこう質問をすると経済学者の誰も答えられないのです。

日本政府が「円を発給する」と言ったら、おそらくこういった知識人と称される人たちから袋叩きの目にあわされるでしょう。別の分野でも彼らの利権に触れることを言った人は抹殺されてきました。だからそういうことを正面から言っても、彼らは馬鹿にするだけだと思います。

しかし、「馬鹿にしかできない」ということが彼らの弱いところでもあるのです。彼らは、正面からその問題を取り上げることができません。正面から取り上げたら負けるのがわかっているからです。

◉「グローバリズム(市場)」対「ナショナリズム(国家)」

先のサミットは、そういった世界経済をもう一度成長軌道に戻すためのいろんな方策を話し合う会議となったと思いますが、そんなのは昔からずっとやっていることで、決して新しいことではありません。

財政出動と金融政策、そして構造改革、そのバランスをとってやる……そんな誰でもわかることを話し合っている。そんなことをわざわざG7の首脳が集まって、真面目に議論するとは到底思えません。それらはすでに大体のラインで決着がついているのです。

ご存知の通りG7というのは「シェルパ」というG7各首脳の意を体した役人（だいたいは各国の外務省の役人になりますが）が、事前に根回しをして決めているのです。共同声明なんていうものはすでに決まっているわけです。だから共同声明が出たとしても、私はそれを読む気にはなれません。

私はその7人の首脳に、彼らだけで議論して欲しいと思います。この世界、つまり市場対国家が正面衝突している世界で、各々の国民をどう守るのかということを議論して欲しいのです。そうでなければ、各々の国の指導者がわざわざ集まる意味はないでしょう。

持続的経済成長のためにはどうしたらいいかなど、そんなものは国のトップが考えることではありません。今、世界は市場対国家の最終戦争に直面しています。ハルマゲドンと言ってもいいくらいですが、どちらが勝つか、今、その最終局面にあるわけです。したがって、「国家が勝つためにはどうしたらいいのか」という議論をすべきです。例えば中央銀行を廃止しようなどという正面からのは議論はできなくても、「トランプ現象とは何か」ということを議論すれば、自ずと今の世界の混乱の原因が見えてくるはずです。

今の世界は「グローバリズム」対「ナショナリズム」の戦いだと何度も私は言ってい

ます。それは言葉を変えれば「市場」対「国家」の戦いです。グローバリズムが市場で、ナショナリズムが国家、その両者の戦いです。それが今、最終局面にきています。つまり市場の力が弱まってきたということです。戦後秩序というものが音を立てて崩れつつあるのです。

◉伊勢志摩サミットが「和の世界」を造る

物質主義だけでも、お金儲けだけでもない。市場の利益だけを考えることでもない。そういう世界をこれから作り上げていくというメッセージが輩出される場となることを、私は切に願っています。そうであってこそ、伊勢志摩でサミットを行ったという意味があります。そうでなければわざわざ7万人の警官を動員して、厳重な警備体制を敷きながら、伊勢志摩で行った意味はないと思います。

私は首脳会議の場所が伊勢志摩に決められたことだけで、今回の日本におけるサミットは成功したと思っています。必ずG7の首脳はそこで何かを感じとるでしょう。その何かを持って帰っていただければいいのです。その一端は、先に述べた各国首脳の内宮訪問時の記帳文から窺《うかが》うことができます。それこそが、今回の伊勢志摩サミットの最大の成果ではないでしょうか。

先般、広島を訪れたケリー米国務長官が「腸《はらわた》をえぐられるような思いをした」という感想を述べました。そういう体験が重要なのです。

伊勢の神宮に訪問することで、何か心のなかに電流が走るような思いを、首脳のひとりでも持っていただけたならば、世界は確実に変わっていくことでしょう。

私はこの伊勢志摩サミットを機に、「和」の世界観の達成を目指して日本も世界も動いていかなければならないと思っています。

「和の国・日本の民主主義を世界へ」――。これが伊勢志摩からG7サミットを通じて、言葉ではなく想いや精神として世界に広がっていくメッセージであると信じています。

日本再発見
その十六

【今後の世界情勢】

オバマ大統領の「広島訪問」で歴史の流れが変わった!

◉「ヘイト法案」の危険性――戦争はもう始まっている!

今年（平成28年）5月24日「ヘイトスピーチ対策法」が成立しました。多くの人が予想されていたと思いますが、これによっていろいろな混乱が起こっています。不思議なことにこの混乱すらも予想できない政治家がいましたが、普通に考えればそれは誰にでも予想できることです。

ですから、この法案成立は、「あえて平地に乱を起こした」「共存できていたところに対立を持ち込んだ」と言ってもいいでしょう。これは、国のなかで少数派と多数派を対立させるというやり方です。

昔、トルコ人とアルメニア人を対立させたように、古今東西を問わず世界中で行われている方法です。卑劣なやり方ですが、それが今、日本のなかで行われているのです。しかも、それを自民党の一部の議員が推進しているのです。

もうひとつこの関連で言うと、5月28日の産経新聞に、「ＬＧＢＴ法案　自民は見送り」という記事がありました。「同性愛者など性的少数者（ＬＧＢＴ）への理解を促す性的指向・性同一性の多様性に関する理解増進法案」というものです。これを自民党が作ったのです。

記事には、まだ「党内に『議論が拙速だ』との意見もあって、秋の臨時国会以降に持ち越すことになった」とありますが、私は驚きました。こんな法案を与党の自民党が推進しているのです。私たちはもっと危機感を持たなければならないと思います。つまり、「戦争はもう始まっている」ということです。

戦争は南シナ海で起こるかもしれないというだけではありません。すでに日本国内で始まっています。そうした危機感を持たないと、気づいたら私たちも戦争に巻き込まれていたとなるどころか「もう負けていた」という状況になる危険があるのです。

しかし今、なぜこういった法律が必要なのでしょうか。性同一性障害の方の苦悩というものは、他人にはなかなか察することはむずかしいことです。

性同一性障害であるという事実だけをもって差別することはやってはならない。それは当然です。しかし、その理解を増進する法律を作る必要がいったいどこにあるというのでしょうか。ヘイト法案がまさしくそうでした。「ヘイトしてはいけない」という法律を作ったら、逆にヘイトに扇動されてしまいました。

政府は「法律を作ったから、今度は地方で考えなさい」と地方自治体に丸投げするでしょう。そうすると地方は安全策をとって、その法律よりもさらに厳しい条例を作るわけです。

だからこそ、地方の議会の方々には早く目覚めていただきたい。今はそんな悠長なことをやっている場合ではないのです。高い志を持って議員になられたのですから、ぜひ日本を守るために頑張っていただきたいと強く思います。

◉メディアは危険な工作機関

そこでこのLGBT法案ですが、こういうものを国が作ってはいけません。

ヘイト法案についても私は、「不要である。むしろ、これは有害である」とずっと主張してきました。LGBT法案も有害です。私はこれらを、メディアが一緒になって推進しているというところに非常に強い危機感を覚えます。

メディアというのは、本書で何度も指摘してきたように、ある種の工作機関です。私たちはメディアの報道を疑ってかからなければなりません。昔、共産主義ソ連の体制を皮肉って、「ソ連の新聞で正しいのは天気予報とスポーツ欄だけだ」という笑い話がありました。残念ながら自由主義国といわれる国の新聞も、煎じ詰めれば当時のソ連の「プラウダ」や「イズベスチヤ」などの共産党機関紙や政府機関紙と基本的には変わりません。

もちろん新聞社やテレビ局の記者は真面目な方がほとんどだと思いますが、問題は上層部です。そういうところから様々な圧力があるのだと思います。

また、もう慣れて不感症になってしまっていますが、テレビに女装した男性がたくさん出てきます。今ではめずらしいことだと感じなくなりました。

これは危険なことです。小さな子供も観ているというのに、これがもう普通のことになっている。私たち大人は、これはそういうものだとして観ることができますが、子供はそうではないでしょう。NHKも含めてすべてのテレビ局がそういう方々をどういう意図で出演させているのか……、私は非常に危機感を覚えています。

自民党がこういう法案を作るのも、その一環なのです。ヘイト法案を推進した方も、今度のLGBT法案を作っているのも保守と称される議員です。

考え方によっては、保守的な議員が特命委員会の委員長になることで、この法案自体が過激的になるのを抑える効果が多少はあるのかもしれません。しかし、私が自民党内にいる本来の保守議員に期待したいのは、「時流に乗って安易な法案を作るべきではない」という議論を広めていただきたいということです。

そのうち自民党から人権擁護法案がそぞろ出てくる危険があります。非常に困った状況だと思います。

◉テレビの影響力とその背景

テレビの影響力というものは強いものです。テレビが流すもの、これは単にニュースだけではありません。ドラマからも洗脳されます。今は洗脳のないドラマを探すのがむずかしいくらいです。テレビはそういうものであるということを私たちは知っておかなければなりません。

そしてテレビ局がなぜそういったドラマを作っているのかということも、私たちは考えなければなりません。少し大げさに聞こえますが、それほど事態は深刻なのです。このことに私は早く気づいていただきたいと思います。

「ソチ冬季オリンピック」（２０１４年）の開会式に、アメリカやヨーロッパの首脳は欠席しました。それはプーチン大統領が同性愛結婚を認めないからだと言うのです。変な理由ですね。とってつけたような理由でした。

まさかＬＧＢＴ法案を進められている議員の方々は、日本が同性愛結婚を認めないと、ソチのときのように「東京オリンピック」をボイコットされると恐れているのでしょうか。そんなことでオリンピックをボイコットすることはありません。ソチでの首脳のオリンピック開会式欠席はプーチン大統領を引きずり下ろすための工作の一環だったのです。

オリンピックを逆に政治利用するということでしかなかったのです。

ですから、２０２０年に予定通り「東京オリンピック」が行われるとして、そのときの政治状況によっては世界からどういう言いがかりをつけられるかわかりません。そういった状況に備えるためにも、やはり私たち自身が〝精神的な再武装〟をする必要があるのです。

伊勢志摩サミット、それからオバマ大統領の広島訪問以来、わが国を取り巻く情勢は実は日本に有利になってきています。しかし、そうはさせまいとする勢力が日本の国内でうごめいているのです。私たちはそれを見抜かなければなりません。

◉「三菱マテリアル和解」が招く、日本国民の受難

今年（平成28年）の6月には「三菱マテリアル和解」というニュースが流れましたが、これを変だと思わない人はもう相当に洗脳されていると言えましょう。

なぜ「戦後補償」なのか。むろん戦後になって戦中の出来事の保障をするという意味で使っているのだとは思いますが、今回の当事者はあの三菱マテリアル（旧三菱鉱業）ですよ。アメリカ人捕虜を強制労働させたといってアメリカで謝罪した会社です。今回

は中国で訴訟になっていたものを和解したのですが、これは三菱マテリアルの和解というだけで終わりません。

三菱マテリアルも含め、もしアメリカで戦時強制労働補償問題が再燃すれば、最悪の場合は１００兆円取られるかもしれません。１００兆円というこの数字がどこからきたかといえば、10年前にアメリカで起きた戦時中の強制労働の賠償を求めた訴訟があり、被告の日本企業28社に対する損害賠償請求額が１００兆円だった。戦時中の強制労働に対する損害賠償請求金です。しかしこれは連邦最高裁で却下されました。サンフランシスコ平和条約で、戦時補償はもう解決済みという判断がされたからです。

しかし和解ということになると、また別の問題が出てくる危険性があるわけです。国際法上は、賠償義務はないかもしれませんが、「すすんで賠償するのはウェルカム」だということです。これから各国の有能な弁護士がこの和解の様々な活用方法を考えるでしょう。日本の企業の方は気をつけなくてはいけません。隣国でもすでに別の問題が起きています。これからそういったことでカネを取ろうという人たちがたくさん出てきます。

日本人の発想というのは「モノづくり」の精神ですから、生産労働によって対価を得るというのが基本です。しかしそうではなく、他人の弱みにつけこんで対価を得ようと考えている人が世界にはたくさんいるのです。そう考える国があるのです。

三菱マテリアルは強制労働した中国人に謝罪しましたが、私は立派なことをしたとは思いません。もし謝罪するのであれば、まず私たち日本人に謝罪していただきたいと思います。日本人として、日本の企業として、「やるべきでないことをやった」ということで、日本人に対して謝罪して欲しいと思います。

しかしそんなことは、三菱マテリアルの関係者はまったく考えていないでしょう。だから、これでお茶を濁すことはできません。この問題は今後長きに亘って尾を引きます。これについて産経新聞が「政府が容認しているのか」というような社説を掲げました。これはこれで真っ当な社説だと思います。

記事の通りであれば、菅官房長官が「民間当事者の間の問題として自主的に相談して解決された」ことだと言っていますが、こんなことは決して言ってはならないでしょう。これは三菱の問題にとどまりません。民間当事者間の問題ではないからです。これは日本国民を犠牲にする話なのです。そういった発想がないということが最大の問題です。そのことを三菱マテリアルの責任者には知って欲しい。三菱マテリアルだけの問題ではない。日本国民を貶める問題であるということをです。

「なぜ、まず日本国民への謝罪がなかったのか」と言ったのはそういうことです。彼らは思いつきもしなかったのかもしれませんが、非常に残念なことです。政府の対応もこの記事に書かれている通りだとすれば、あまりに他人行儀と言えましょう。

１００兆円取られる危険があるのですよ。１００兆円というのは日本の1年のＧＤＰの５分の1にあたる額です。もし１００兆円を賠償で取られたら、ＧＤＰ６００兆円の経済成長どころではありません。そういうことをよく考えてみる必要があるでしょう。

◉夕暮れどき、広島、慰霊碑前のオバマ大統領

オバマ大統領の「広島訪問」は世界が変わるきっかけになりました。このオバマ大統領の広島訪問について、日本の各メディアの社説を産経新聞がまとめて掲載しています。ここで問題は、みな「核の傘」の話をしていることです。

オバマ大統領の広島訪問における最大の目的はなんであったか。それは原爆犠牲者に哀悼の気持ちを表すとともに、被爆者の方との和解であったと私は思います。私自身被爆者ではありませんから、なかなか被爆者の方の心情まで代弁することはできませんが、被爆者の方々も和解の気持ちを持っておられたのだと思います。そしてわずかな時間で

したが、原爆の被災者の方との会話を通じて一つの和解というものがあったのだと私は思います。

私が強調したいのは、日本の原爆投下に対するこれまでの日本の態度が今回のアメリカ大統領の広島訪問を実現させたということです。

「オバマ大統領は謝罪しなかった」「謝罪の言葉は発しなかった」と言われています。しかしオバマ大統領があの場に行き、慰霊碑に花を手向《たむ》けて、黙礼された。そのこと自体が謝罪であった。言葉としての謝罪がなくとも、実際は謝罪であったと私は思います。

謝罪や反省を求める声も一部ではありました。でも、そういった声が強かったならば、オバマ大統領は広島を訪問できなかったと思います。謝罪を求めなかったから、訪問することができたのでしょう。

謝罪というものは求められてするものではなく、自らが反省して行うべきものです。したがってそうでない謝罪はいくらしてもらっても、わだかまりは消えません。

日本人はそういうことを、おそらく口に出さなくとも何となく感じていたのだと思います。原爆慰霊碑に刻まれた「過ちは繰り返しませぬから」の碑文については今でも多々議論があります。にもかかわらず日本がこれまで、表立って大きな声で恨みごとを言ったり、謝罪を求めてこなかったということが今回のオバマ大統領の広島訪問に繋がったと、これは断言していいと思います。結局、これは一言でいえば「日本人の高貴な精神が勝った」――、そう私は思います。

アメリカはいずれ謝罪するでしょう。それは自らの反省として謝罪することになります。その第一歩がオバマ大統領の広島訪問であったのです。

だから、多くの広島の市民が歓迎するなかでオバマ大統領の広島訪問が行われた。これが希望を抱かせるものであったというふうに私は固く信じているわけです。

あの夕暮れどき、広島の空が晴れ上がったなかでのオバマ大統領を見たときに、私はもう言葉にならない、こみ上げてくるものを感じました。それはおそらくそこに出席されていた、あるいはテレビでご覧になっていた原爆被災者の方々も似たようなお気持ちであったのではないかと私は想像しております。

◉オバマ大統領の演説――「原爆投下は正義ではなかった」

最後に、アメリカのオバマ大統領の演説のなかで私は謝罪という言葉はなくても、事実上原爆投下は正義の投下ではなかったということをオバマ大統領が認めている一節をご紹介します。

原文を読みますと、原爆という言葉そのものは使われませんでした。そして原爆投下に対する謝罪もありませんでした。しかし同時に、あれが正義だったという言葉もありませんでした。むしろ、オバマ大統領の演説を読むと、あれは正義ではなかったということがにじみ出るような発言になっています。私が一番感激したのは次の言葉です。

「子供たちの朝一番の笑顔のことを考えられるように、台所のテーブル越しに妻や夫とやさしく触れあえることを考えられるように、父や母が心地よく抱きしめてくれることを考えられるように」

そのために、「だからこそ私たちは広島に来た」と発言しました。そしてその後、次のように語りました。

「私たちがこうしたことを考えるとき、71年前にもここで同じように貴重な時間があったことを思い起こすことができる。亡くなった人々も私たちと同じだ」

ここです。オバマ大統領は「亡くなった人々も私たちと同じだ」と言ったのです。

これは決してアメリカが正義で日本が不正義であったと言っているのではありません。「アメリカも日本も同じだ」と言っているのです。私はこの部分に最も注目いたしました。

ですから、決してオバマ大統領は原爆投下を正当化してはいない。私はそう思いました。そしてこれからは、アメリカが自らを省《かえり》みるときになるであろうと思います。

そういう意味で世界は変わったのです。日本の「民の力」によって、世界は大きく変わったのです——。

あとがき　～「君民一体」の国民国家・日本

「リオオリンピック」で日本選手の活躍が著しいなかの平成28年8月8日に、天皇陛下がテレビを通じて現在の「お気持ち」を表明されました。事の発端は、7月13日のNHKニュースが「天皇陛下が生前退位を希望しておられる」と報道したことでした。

しかし、天皇陛下のこのような重要なお考えをいち報道機関がスクープのかたちで公にすること自体、極めて異常な事態と言わなければなりません。このスクープを追いかけるように、報道各社は、あたかも「天皇陛下が生前退位を望んでおられることは既成事実」のように報じ、知識人たちも概ね陛下のこのお気持ちを尊重すべきだとの発言で一致していました。「陛下のご公務の軽減を国民は概ね支持している」と各メディアは揃って報じました。

しかし、正式の発表がある前のあまりの手際の良さに、かえって疑問が湧いてくることになりました。もし天皇陛下が生前退位、つまり譲位というお考えをお持ちであるなら、先ずは宮内庁なりが政府と打ち合わせたうえで、正面から発表すべきであったと思います。しかし、「天皇のお気持ちをメディアのスクープで国民に知らせる」という手法には、何か胡散《うさん》臭いものを感じました。深読みすれば、天皇譲位問題には、何か得体のしれない奥深い「政治的闇」があるように思えてなりません。

案の定、8月25日に自民党の二階幹事長が「男女平等の世の中、女性天皇を認めてもいいのではないか」との趣旨を発言したと報じられました。この騒動の背後でうごめく〝妖怪〟の正体の一部が現れ出したのでは、と感じます。

小泉内閣時代に皇位継承を第一子とするとの結論になりかけたことがあります。この結論を導いたのが「有識者会議」でした。この種の有識者会議というのは曲者《くせもの》です。時の内閣が特定の目的のために、恣意的《しいてき》に人選した人たちであるからです。国会の承認も必要ありません。もちろん選挙の洗礼も受けません。つまり、国民のコントロールが利かない、まったくの私人の集まりに過ぎないのです。

天皇陛下の譲位を可能にするためには、皇室典範の改正が必要ですし、場合によっては憲法を改正することも必要になるかもしれません。このような国家の根幹にかかわる問題を、恣意的な人選による有識者会議に委ねることは危険が伴います。

はっきり申し上げなくてはなりません。ビデオメッセージの取り扱いを巡り現在生じている事態は、わが国の国体の真髄である「皇室制度の形骸化」を目論《もくろ》む外国勢力の破壊工作の一環ではないかと危惧されるのです。もし、そのような外国の工作に意図的に加担する日本人がいるとするなら、それこそ「政治の暗闇」と言えるものです。

皇室は日本国家と国民の力の源泉です。この源を破壊してしまえば、日本国家と国民の力の低下に繋がることは言うまでもありません。日本国家と日本人の力の低下を策謀する内外勢力の暗躍に、私たちは警戒を怠ってはならないでしょう。

＊

本書では、私たちに伝わる伝統的な道義力について例を挙げてお話ししましたが、私たちの高い道義性の根幹には皇室の存在があるのです。「日本再発見」とは、つまるところ〝天皇を戴く君民一体の精神〟を取り戻すことでもありました。今後、天皇譲位問題の進展具合によっては、「君民一体」の国体の真髄が危機に至る事態も決して排除されないのです。

本書を読んでくださった読者の方々には、この迫りくる危機を認識していただけるものと信じます。世界最古の「和」の民主主義国家・日本。世界最先端の「君民一体」の国民国家・日本。この中心におられるのが天皇陛下です。先祖から連綿と受け継いできたこの日本国家の屋台骨を守るのは、私たち一人ひとりの草莽の役目であることを、ここで改めて強調したいと思います。

受け継いできた良き日本を後世に伝えてゆきたいと、日々それぞれの持ち場で努力してくださっている草莽の方々に敬意を表して、本書を終わります。ありがとうございました。

平成28年9月吉日

馬渕睦夫

追記

本書は今年1月から6月までのDHCシアター番組『和の国の明日を造る』で筆者が解説した内容を、その後の情勢の変化も踏まえて加筆修正したものです。本書の出版を勧めてくださったDHCシアターの濱田麻記子社長、および編集の労を取っていただいたKKベストセラーズ書籍編集局の武江浩企氏に深く感謝申し上げます。

◎著者略歴

馬渕睦夫（まぶち・むつお）

元駐ウクライナ兼モルドバ大使、元防衛大学校教授、現吉備国際大学客員教授。

1946年京都府生まれ。京都大学法学部3年在学中に外務公務員採用上級試験に合格し、1968年外務省入省。1971年研修先のイギリス・ケンブリッジ大学経済学部卒業。2000年駐キューバ大使、2005年駐ウクライナ兼モルドバ大使を経て、2008年11月外務省退官。同年防衛大学校教授に就任し、2011年3月定年退職。2014年4月より現職。

著書に、『世界を操る支配者の正体』（講談社）、『日本「国体」の真実』（ビジネス社）、『そうか、だから日本は世界で尊敬されているのか！』（ワック）、『アメリカの社会主義者が日米戦争を仕組んだ』（小社）などがある。


世界最古にして、最先端——和の国・日本の民主主義

「日本再発見」講座

2016年10月5日　初版第1刷発行

著　者　馬渕睦夫
発行者　栗原武夫
発行所　KKベストセラーズ
〒170-8457
東京都豊島区南大塚2-29-7
電話 03-5976-9121
http://www.kk-bestsellers.com/

印 刷 所　錦明印刷株式会社
製 本 所　株式会社フォーネット社
D T P　株式会社オノ・エーワン
装　　幀　神長文夫＋柏田幸子
図表制作　大熊真一（ロスタイム）
編集協力　株式会社DHCシアター（https://www.dhctheater.com）

定価はカバーに表示してあります。

乱丁、落丁本がございましたら、お取り替えいたします。

ISBN 978-4-584-13745-1 C0095